Mei erschte Hosn

Geschichten und Verse
von
Hans Geiger

Mit Illustrationen von Rita Gastager

 VERLAG
W
G

ISBN 3-9803696-0-9

Impressum

Erstauflage im Februar 1994

Alle Rechte vorbehalten©

Autor: Hans Geiger, Wessobrunn
Herausgeber: RWG-Verlag, Wessobrunn
Illustrationen und Titelbild: Rita Gastager, Polling
Druck: Druckerei Koch, Weilheim

Printed in Germany

Zum Geleit

Nie zuvor wurden soviele Heimatmuseen eingerichtet wie in der Gegenwart. Jedes Gerät, jedes Werkzeug, jedes Möbel und schon gleich jedes Stück Volkskunst aus einer noch gar nicht so weit zurückliegenden Zeit wird als Kostbarkeit behandelt, als Kunstdenkmal gehütet.

Die Sprache aber, die vor fünfzig, sechzig Jahren noch in aller Munde war, gerät außer Gebrauch wie die alten Kücheneinrichtungen. Wer noch erzählen kann, wie es zuging in einem Dorf wie Wessobrunn wird merkwürdigerweise von manchen Zeitgenossen weniger geschätzt als ein alter Melkschemel.

Dabei schenkt uns so einer mit jedem Satz Kostbarkeiten und setzt mit jeder Geschichte ein Kulturdenkmal.

Hans Geiger hat seine Dorfmundart nicht nur zum Reden beibehalten, er versteht es, darin seine Kindheitserinnerungen so gut zu schreiben, daß sich ein Dorfleben vor uns auftut, anschaulich wie in liebevoll gezeichneten Bildern.

Gebrauchte Gegenstände lassen sich in Museen sammeln. Gelebtes Tun läßt sich nur erzählen; und dies versteht Hans Geiger meisterhaft in einer ungekünstelten schlichten Weise. Er hat mit diesem Buch seinem Dorf Wessobrunn ein literarisches Denkmal gesetzt, das nicht nur in der engeren Heimat Beachtung verdient.

Wahrscheinlich wird es den meisten Lesern gehen wie mir: Man hätte gern die Stimme Hans Geigers auf Tonband dabei – zumal es einige Mühe kostet, sich in den geschriebenen wessobrunnisch-lechrainer Dialekt einzulesen.

Ich wünsche dem Buch den Erfolg und die Anerkennung, die es verdient und verbinde damit die Hoffnung, daß noch viele Dorferzählungen dazukommen mögen!

Christian Buck

Inhalt

1. Einleitung 6

2. Wia's Früahra war 9

3. Der Homo Wessofontanensis 10

4. Wessobrunn 17

5. Häuser, Leit und Viecher 18

6. Im Holz 25

7. Mei erschte Hosn 26

8. Der Fluch der Technik 31

9. Da Oberläuter 33

10. Ministrantnzeit 36

11. Weil's so der Brauch war 42

12. Wässrige Erinnerungen 45

13. Insere Quelln 48

14. 'S Dodla 50

15. Da Hochzeitslader 53

16. 'S Gunggln 55

17. D'Viechschau 59

18. 'S Fescht 60

19. Da Liasn Hansl 64

20. A Hund war er scho 66

21. Da Gorga Nazi. 70

22. Da Stier und da Schmied 72

23. D'Stearhandworker. 74

24. D'Roasele Kathl 78

25. Da Telles 82

26. Vo Ebbas a Trum 84

27. Der Nikolaustag 85

28. Wenn Weihnachten im Summer wär 89

29. Die Post im Wald 90

30. De heilige Zeit 93

31. Christnacht in der Tellesmühl 94

32. 'S Adventsgericht 99

Zur Einleitung

muß gesagt werden, daß die Geschichten in diesem Büchlein, bis auf wenige Ausnahmen, auf tatsächlichen, örtlichen Geschehnissen beruhen.

Sie kamen mir zur Kenntnis durch Erzählungen älterer Dorfbewohner und auch durch eigene Erfahrungen.

Ich habe versucht mich meim Schreiben an die hier gesprochene lechrainische Mundart zu halten.

Die Besonderheit des Lechrainischen besteht darin, daß es nur in einem verhältnismäßig schmalen Gebietsstreifen östlich des Lech von Tirol bis etwa Augsburg gesprochen wird. Es sind darin sowohl schwäbisch-alemannische als auch oberbayrische Sprachelemente vertreten.

Von einem einheitlichen Dialekt in diesem Raum kann jedoch nicht die Rede sein, vielmehr bestehen von Dorf zu Dorf jeweils gewisse Unterschiede in der Ausdruckweise. In der Regel nehmen mit zunehmender Nähe zum Lech die schwäbischen und in Richtung zur Ammer die oberbayrischen Sprachelemente zu.

Selbst in unserem Dorf sind diese Varianten festzustellen, abhängig davon, woher die Familien oder einzele Mitglieder ursprünglich zugezogen sind oder hergeheiratet haben.

Nach Westen hin stellt gebietsweise der Lech eine ziemlich harte Barriere zwischen Schwäbisch und Lechrainisch dar. So spricht man den Satz: „Da haben sie gelacht" in einem Dorf am westlichen (schwäbischen) Lechufer: „Do hend se glachat", während es gegenüber, am östlichen Ufer, „Do hawas glacht" heißt.

Die Eigentümlichkeiten des Wessobrunner Lechrainisch lassen sich vielleicht am besten verdeutlichen durch einen Vergleich mit einer Mundart, wie sie etwas weiter östlich, zum Beispiel in Polling gesprochen wird.

Dazu ein paar Beispiele:
Schriftdeutsch „laufen" wird in Wessobrunn „loffa" in Polling „laffn" gesprochen.

der Hafen	da Hafa	da Hofn
die Milch	d'Mulli	d'Müi
das Mehl	's Meahl	's Mö
malen	mola	moin

Allgemein kann gesagt werden, daß der Vokal „a", offen oder auch nasal gesprochen, für das Lechrainische typisch ist.
Der Konsonat „l", in der Aussprache in Polling kaum mehr hörbar, klingt zwar im Lechraum noch an, wird jedoch nicht mit zum Gaumen gerollter Zunge, sondern etwas „verwaschener" mit der Zunge an, oder auch zwischen den Zähnen gesprochen.
Diese „Feinheiten" lassen sich natürlich geschrieben kaum darstellen. Dies ist auch nicht Sinn und Zweck dieses Büchleins. Es sollte nur, ganz nebenbei, auf diese etwas ausgefallene Mundart aufmerksam gemacht werden, zumal sie voraussichtlich hier in Wessobrunn nach einer weiteren Generation kaum mehr gesprochen werden wird.

Der Autor

Wia`s Früahra war

A Mensch, wenn langsam kimmt in d`Johr
wo schea stad grauer wern eahm d`Hoor
und moant, daß d`Zeit vui schneller rinnt
er öfter sich auf früahra bsinnt

Do baut er a Gedankenbruck
bis in de Kinderzeitn z`ruck
wo ma isch gstart ins Lebn voll Schwung,
hot it vui denkt, ma war bloß jung.

Ma siecht ganz deutli und ganz klar
de kloane Welt, wia`s domois war,
de doch für jedn hot bedeit
des erschte Glück, des erschte Leid.

Ma siecht de altn Häuser steah
sich selber grad am Schualweg geah.
An Lehra ka ma schimpfn hearn,
daß d`Kinder niamois gscheiter wern.

Do hot ma Guggaberga gspuit,
mit Schneaballn aufeinander zuit.
Do hot ma `pflennt und hot ma glacht
und hi und do an Blödsinn gmacht.

Und was ma hot an Kummer ghet
isch nimmer wert heint, daß ma redt`.
Noch so vui Johr bleibt bloß no des:
A scheane Zeit isch des doch gwes.

Der Homo Wessofontanensis

So hi und do ka ma in der Zeitung lesn, daß ma irgend ebbert wieder amoi a etli Knocha ausgrabn hot, de beweisn solln, daß da Mensch scho seit so und so langer Zeit auf dera Welt haust. Do streitn si nocha de Knochnfiesler, de Anthropologn, wia alt de Knöcherlen sen und ob der Mensch zua dera Zeit no auf alle Viere, oder scho auf seine Hinterfüaß alloa ganga isch.

Sie tüftln umanand, wia so a Exemplar vo insere Vorfahrn zua dera Zeit ausgschaugt hot und möchtn gern wissn, wia s` a so glebt ham.

I möcht mi ja in de Streiterei it eimischn, i sag bloß oans: De wenn wüßtn, was ma bei ins, beim Ausgrabn, hint bei der altn Kloasterkurch gfundn hot. Do kunntn s` glatt de ganzn Boaner und Theorien vom Homo Heidelbergensis, an Pekingmensch und vom Neandertaler wegschmeißn.

Des wär ja direkt a Revolution und an a Revolution möcht i nocha doch it Schuld sei. Es isch scho besser, wenn ma davo gar nix öffentlich verlautn loßt. Am End ham s` aber scho an Wind davo kriagt und deswegn de Graberei eistelln lossn.

Also, was i Euch iatz verzoi, des muaß unter ins bleibn. Versteahts?

Des oa isch also iatz gwiß, daß do bei ins scho vor a etli hunderttausend Johr Leit ghaust ham. Wia vui Hundertausender des genau sen, ka ma it gwiß sagn, weil de Kloasterkurch-Ausgraber koane Anthropologn sen und si mit de Boaner it ganz so guat auskenna wia de. It amoi da Burgermoaster hot do ebbas Gnaus rauskriagt, weil in der Gmoa koane schriftlichn Unterlagn zum Findn gwes sen.

Wahrscheinlich ham de no koa Gmoa-Kanzlei ghet.

Aber in dem Fall spuin ja a paar Hundertausender hin oder her koa groaße Rolln.

Des sell woaß ma aber, daß seinerzeit d`Landschaft bei ins o a weani anderscht ausgschaugt hot. Ma muaß sich vorstoin, daß do der Ammersea no vui vui greaßer war. Des ganze Ammertal war oa Sea. Wenn`s Weilheim scho gebn hätt, wär`s ganz und gar unter Wasser gwes. Des isch ja naufganga bis Paterzell und do, wo iatz`s Kloaster

steaht, ham d`Welln gegn d`Häng naufgschwappert. 'S Unterdorf, i moa halt do, wo`s heint isch, hot sich wia a ausgstreckte Zunga in den Sea neigstreckt, grad als ob s` sagn hätt wolln: „Ällerbätsch, do kimmst doch nimmer nauf."
Aus dem vuin Wasser ham bloß de höachern Buckl umadum rausgschaugt und – ob ma`s globt oder it – do ham Leit ghaust.
Vo etli vo dene woaß ma iatz mehra durch de Graberei.
Oaner hot zum Beispui hint, nebn de drei Quelln, a Loch in den Berg nei, halt so a Höhln ghet. Wastl hot er ghoaßn; a Mannsbuid, so um 1,65 m, it schlecht beinand aber umadumm hoorig wia a – na, wia soll i sagn – wia a Aff halt. Bloß am Kopf, vom Hirn a Stuck hinteri, sen s` eahm ausganga gwes. Des isch aber doher kemma, daß er no it recht dra gwohnt gwes isch sich z`bucka, wenn er in sei Loch neigschloffa isch. Do hot er si halt allwei wieder an Schädl a`ghaut. Er war scho o a bissla niedrig, der Schluf.
Ma muaß wissn, daß`s bei dene Leit no it lang der Brauch war, aufrecht, bloß auf de hintern Haxn z`geah.
Wenn ma si amoi so oder so lang dra gwohnt hot, daß ma auf alle Viere geaht, ka ma scho vergessn, daß ma si buckn muaß, wenn ma in a Loch neischliaft.
Es gibt ja heint no oa, de an der vordern Kopfpartie koane Hoor mehr ham, ma ka aber it sagn, ob des Vererbung – vielleicht vom Wastl her – isch, oder ob si de heint no allwei an Kopf a` haun.
A Wei hot er o ghet, der Wastl. Sie soll it grad ausgschaugt ham, wia heint a Schönheitskönigin, aber tüchti isch gwes und hot allwei a guats Essn auf`n Tisch – oder wo ma halt zu dera Zeit g` essen hot – brocht, wenn ebbas do gwes isch in der Speis.
Da Wastl hot a ganz schea was verdruckn kinna, weil er vui an der frischn Luft drauß war.
Ja, so vo was und wia de glebt ham, muaß no gsagt wern.
Also, wenn`s ganga isch, hot ma Fleisch g` essen.
Viecher sen ja zua dera Zeit haufaweis umanand gloffa: Ganz wuide Wuidsäu, so a Art Bärn und Wölf, mordsgroaße Mammut-Elefantn und etli, vo de ma heint gar nix mehr woaß. Goaßn hot`s o scho gebn.

11

Hauptsächli zwoa Artn. De oana ham si hauptsächli auf de höachern, stoanign Buckl umanand triebn und sen später, wia s` no weiter in Berg neizochn sen, zua Gams worn. Vo der andern Rass sen a etli – vielleicht zwengs a bsunders guatn Woad – allwei besser und besser gwachsn und sen heint insere Küah.
Da Wastl isch mit seine Nochbarn, Talhauser ham s` ghoaßn, weil s` am Tal drobn ghaust ham, und mit a paar andere vom Ober – und Unterdorf vui auf d`Jagd ganga. (Oder hot ma des selbigsmoi scho Wuidern ghoaßn?)
Auf jeden Fall ham s` halt gschaugt, daß a Fleisch herganga isch. Wenn ma denkt, daß de bloß Prügl und Stoaner ghet ham, ko ma sich vorstoin, was des für a Schinderei war.
Na ja, Goaßn sen ja an Haufa do gwes und mit a Treibjagd ham s` doch allwei wieder oa derwischt. Ma hot ja deutli gspannt, wo sich de Viecher meistns rumtriebn ham.
„Überall Goaßbolln, nix wia Goaßbolln," hot der Wastl vor sich hischimpft, wenn er wieder in oa neidappt isch. De Leit sen ja meistns barfuaß ganga zua dera Zeit.
Mit der Zeit isch wahrscheinli nocha aus de Goaßbolln „Gaißpoint" worn. Iatz woaß ma`s, wo der früahra Nama für inser Gmoa, um `s Kloaster rum, herkemma isch.
Des isch iatz o vo an andern Ortsnama rauskemma. Hinterm Buckl drobn, über der Hollerbruck und an Tal, isch nomoi a kloaner Sea gwes und do drumrum ham o a etli Leit ihre Häuser – i moa natürli Löcher – ghet. Dene Leit isch mit der Zeit de Jagerei z`dumm worn und sie ham sich ebbas ganz Raffinierts eifalln lossn. Na, deppert sen de it gwes. Sie ham an groaßn Zau` gmacht und ham sich denkt, wenn s` do de gröaßern Goaßn, de Halbküah neitreibn, no hättn s` allwei a Fleisch bei der Hand, wenn s` oans braucha und hättn s` nimmer noatwendi stundenlang umanand z`loffa, bis s`a so a Viech derwischn. Wia ma schreit, wenn ma d`Küah eitreibt, woaß ma ja heint no, wenn`s o nimmer so oft zum Hearn isch.
So ham s` also triebn und triebn und des hoa, hoa, hoa hot ma weit umanand gheart.
Des Dumme isch bloß des gwes, daß de Goaßn-Küah des no it gwißt

ham, daß des hoa, hoa Eitreibn bedeut. Deswegn, und weil de Viecher recht flink gwes sen, isch mit dera Eitreiberei it vui z`sammganga, aber probiert ham sie`s allwei wieder.
De druntern, de Talhauser, der Wastl und de Andern ham recht drecki grinst, wenn s` des Gschroa vo drobn gheart ham und ham gset: „D`Hoa, Hoaderer sen wieder auf`n Gäu."
Daß Hoa später in Haid modernisiert worn isch, zoagt, daß de Gschudiertn vom Kuahtreibn nix verstandn ham.
De Leit auf dem andern Buckl, überm Schlittbach dent, sen do besser dra gwes. Do hot`s Viecher gebn grad gnua und, weil`s truckiger war, isch o sunst no allerhand gwachsen: Beer, Schwammerl und sunst a Gmüas-zeig. So ham de recht guat glebt und oa ham ganz scheane Bäuch kriagt. „De Foastn" ham s` deswegn bei de Nochbarn herenterhalb ghoaßn. Wia ma do beim Verhochdeutsch auf Forst kemma ka, versteah i it. Na ja, mir wissn`s iatz ja besser.
So isch also zuaganga bei ins do zua dera Zeit.
Es isch o oft recht gmüatli gwes, zum Beispiel wenn beim Wastl a etli Nochbarn z`sammkemma sen.
Do sen s` no nebn dem Loch g` hockt, wo de drei Quelln aus`n Bodn nausdruckt ham, und ham gratscht. Des Loch ham s` „Wastlbrunna" ghoaßn, weil`s halt bei eahm sozusagn im Hof war.
Oaner, mit an kloana Sprochfehler hot des allwei mehra wia „Weschabrunn" rausbrocht. Spannt`s was? Jawohl, so hängt des z`samm.
A deamoi, bsunders wenn`s recht hoaß gwes isch, sen s` an den Bächla ghockt, des vo den Brunnaloch zua den groaßn Sea naganga isch.
Ihre Haxn ham s` in des küahle Wasser neighängt und ham mit de Zeachn pritschlt. Nebndra hot meistns a Feur brennt, wo s` a etli Fetzn Fleisch brotn ham. Heintzutag hoaßat ma so ebbas a Grillparty.
Zum Trinkn hot's, außer Wastlbrunnawassa, hi und do ebbas ganz Bsunders gebn: An Hollerbock!
Des muaß i no verzoin, was des war und wia der gmacht worn isch: Es hot do hint bei de Quelln umanand an Haufa Hollerstaudn gebn und d`Wastlin hot aus de Hollerbeerl an ganz guatn Hollerretsl macha kinna. Der hot eahm, an Wastl, o recht guat gschmeckt und drum hot

er aus Loam groaße Schüssln und Häfa gmacht, daß ma den Holler länger hätt aufhebn kinna, für Zeitn, wo`s koan mehr gebn hot.

Aber, wia`s halt so geaht, isch der Holler zum Gärn kemma und nimmer recht guat zum Essn gwes.

Weil des Zeig it schlecht gstunkn hot, ham de Wastls nocha a paar Händ voll Kräuter neigschmissn, de im Gstank no stärker warn und, daß leichter zum Umrührn war, a Wasser draufgschütt.

A zeitlang isch des Zeig nacha steahnbliebn und wia sie's scho wegschüttn wolltn, hot der Wastl den Saft no probiert.

Der hot eahm und nocha de Nochbarn glei no besser gschmeckt wia der beste Hollerretsl.

Weil oan der ganz schea hergstoaßn hot, wenn oaner a weani z`vui derwischt hot, ham s` des Gsüff „Bock", Hollerbock, ghoaßn.

Ob am End do Hollerbruck herkimmt, wia der Buckl hinter de Quelln heint hoaßt?

Wenn ma so schaugt, war `s Lebn seinerzeit it grad leicht aber hi und do schier no gmüatlicher wia heint.

Es hot aber im Wastl sei`m Lebn no a ganz andere Seitn gebn. A deamoi, wenn er auf seiner Sunnabank ghockt isch, und in d`Weitn gschaugt hot, über`n groaßn Sea zua de Berg num, isch eahm a so a Ahnung aufganga vo dem, der des alles amoi gmacht hot.

Do isch eahm inwendi allwei so ganz anderscht worn.

Er hätt gern gsunga oder ebbas gschriebn, aber seit d`Lis gmoant hot, sei Gsang wär eher wia `s Grunzn vo a Wuidsau, hot er si nimma traut und `s Schreibn, mei, des isch halt seinerzeit no it eigführt gwes. Weil eahm aber halt amoi so gwes isch, daß er ebbas Bsunders hot toa müaßn, isch eahm `s Loambatzln eigfalln. Bloß isch eahm do it um Schüssln und Häfa ganga. Wenn des ungwisse Ebbas über eahn kemma isch, sen`s meistens allerhand Viecher, dickbauchige Engelen, Pflanzn und Bluama worn. Bloß, wo des ungwisse Ebbas allwei wieder herkemma isch, hot er nia rauskriagt. A deamoi isch eahm gwes als wär ebbas in der Luft, nocha wieder isch eahm vürkemma es kemmats aus'm Bodn unter eahm oder gar aus`m Wasser vo de Quelln.

Des oa muaß aber stimma, daß der Wastl scho zua dera Zeit ebbas gspürt hot, des grad mit dem Fleckla Erdn, dera Landschaft und de Quelln z'sammhängt und des später de fromma Pater und de Wessobrunner Künstler zum Ausdruck brocht ham.

Wenn ma des alls so a'schaugt, muaß ma doch sagn, daß der Wastl für Wessobrunn allerhand bedeut, oder it?

Tät ma de Anthropologn vo eahm verzoin, kemmatn s' gwiß haufaweis und machatn a mords Wesn.

Seine Boaner hoaßatn s' nocha „Homo Wessofontanensis", aber vo dem Drumrum, an Hollerbock, de Hoaderer und der bsundern Luft wüßtn de nix. Des gheart halt it zua der Wissnschaft. Do moan i, isch aber a weani unwissenschaftliches Gspür – oder soll ma sagn Phantasie – noatwendi.

Was i sagn möcht isch des: Laß ma de wissnschaftliche Knochnfiesler aus'm Spui und tean den Wastl ganz unter ins ehrn wia er's verdeant hot. Wia wär's denn, wenn ma eahm a Denkmal setzn tät? Es braucht ja koa groaß sei, oder mir machn eahn nachträgli zum Ehrnbürger, des wär no billiger.

Wessobrunn

Grad zwischn Ammertal und Leach
do liegt versteckt drom auf da Heach
vom Schlittbach naufwärts an da Sunn,
a hoamligs Dörferl: Wessobrunn.

Vui Wälder gibts do umadum
und übern Forster Buckl rum
do grüaßn d`Berg in ihrer Pracht,
so schea hot des der Herrgott gmacht.

Do findt ma überall no heit
de Zoachn von a groaßn Zeit;
da Turm, de Lindn und de Quelln
de kunntn vui davo vozähln.

De kunntn vo de Leit was sagn
de wo den Nama naus ham tragn
in d`Welt und eahm an Glanz ham gebn
durch hoachn Geist und Künstlerstrebn.

Der alte Glanz isch lang verweht,
doch wenn ma heit durchs Dörferl geht,
do ka ma gspürn an jedm Eck,
daß des isch a bsundrer Fleck.

Drum isch des Dorf no heit im Land
als ebbas Bsunders guat bekannt,
und i bin stolz drauf, des isch gwiß,
daß Wessobrunn mei Hoamat isch.

Häuser, Leit und Viecher
(Insa Dorf in de zwanzger Johr)

Wenn ma vo an Dorf redt, no moant ma z` erscht amoi Häuser, greaßere und kleanere, de noch an gwissn Muster in a ganz bestimmtn Landschaft stehnga. Lebendi werds erscht durch de Leit, de do hausn und de Viecher drumrum.

So hot jeds Dorf sei eigns Gsicht und des verändert si o allwei wieder. Häuser wern neu- oder umbaut, d` Leit kemma und genga, wia`s eahna halt vom Lebn bestimmt isch und sogar d`Landschaft bleibt nia wia s` grad isch.

Mi tät`s scho recht interessiern, wia inser Dorf vor a paar hundert Johr ausgschaugt hot; wia d` Leit so gwes sen und wia`s glebt ham. Do woaß ma halt heint nix mehr oder nimmer vui.

I selber woaß halt grad no ebbas, wia` s in de zwanzger Johr bei ins so zuaganga isch.

Do bin i zwar no in d`Anstalt, genauer Kinderbewahranstalt, wia da Kindergartn domois ghoaßn hot, und nocha in d` Schual ganga, aber gseachn ho i vielleicht no mehra wia de Groaßn, weil i mehra Zeit zum Schaugn ghet ho und weil i de ganz Sach mit andere Augn, halt als kloans Büawla a`gschaugt ho.

In d` Anstalt – de isch im Kloaster drinn gwes – bin i allwei in der Früah a umera achte losmarschiert, a Rucksäckla auf`n Buckl mit a Flaschn Mulli und a Butterbrot für d` Brotzeit. Do bin i meistens am Fuaßweg durch Guats Anger ganga. Vui Interessants hot`s do it zum Seachn gebn, außer wenn de junga Roß auf da Woad gwes sen. Des hot ma scho gfalln, wenn de übermüati umanand grennt sen und mit de Hinterhaxn recht ausghaut ham. Do ho i mir oft vorgstoit, wia des wär, wenn i do auf oan drobnhockn und wia wuid umanand reitn kunnt.

Na, Angst ho i vor de Roß it ghet, aber a Stückla weiter, bei da Wirtschaft, beim Guggemooos, do hot` s a Viech gebn, dem ho i it traut. Des isch zwar bloß a Gockl gwes, aber oaner der auf d` Leit ganga isch.

Wenn do bloß oa Henna vo der Weitn zum Seachn gwes isch, bin i liaber unter de Zäun durch auf d` Straß nauf. Do war aber nocha de Wirt selber no, da Guggemoos. Wenn der herauß umanand gwes isch, bin i liaber a weani schnella ganga, weil oan der mit oan Aug allwei so gläsern und so durch und durch a`gschaugt hot. Er isch ja sunst recht freindli gwes, aber i ho mir denkt, sicher isch sicher.

Isch des alls überstandn gwes, ho i nimmer weit ghet bis zua da Anstalt. Do isch nocha da Tag meistns ziemli guat rumganga, bloß de Schloferei z` Mittag de hot mir oft gstunkn, weil i mit dera Zeit vui ebbas bessers hätt a `fanga kinna. Do hot`s aber bei da Schwester Eudoxia koa Derbarma gebn. Bei ins Anstaltler hot sie bloß „d`Doxl" ghoaßn, aber des werd sie wahrscheinli it gwißt ham.

So um a Fünfi rum hot ma ins meistns hoam geah loßn.

Da Hoamweg war schier des Scheanste vo so an Anstaltstag, weil i do mit de Andern durchs Dorf ganga bin, wo`s allwei wieder ebbas Neis zum Seachn gebn hot.

Glei beim Moarhof ham ma oft über an seltsama Ma stauna kinna. Des war der Herr Verwalter. Hafner hot er ghoaßn und der hot allwei an steifn Kragn umghet, daß` s ausgschaugt hot, als ob er in a weiß` Roahr neigschlofa und nimmer rauskemma wär. Ja, und no hot er no so a Art Brillnglas vor oa Aug neizwickt ghet und des isch an an Schnürla a`bundn gwes. Für ins hot des scho recht komisch ausgschaugt, aber glacht ham mir erscht, wenn ma scho a Stückla weg warn. Respekt muaß scho sei, it wohr?

Drenterhalb vom Moarhof isch no ebbas Bsunders zum Seachn gwes. Schier ganz versteckt hinter Büsch und Bäum isch do a diamoi `s Hexnhäusla aus Hansl und Gretl, a andersmoi a Stuck vom Schloß vom Dornröschen oder o`s Häusla vo da Großmuatta vom Rotkäppchen gstandn, je nochdem wia ma higschaugt hot und was oan grad eigfalln

19

isch. D` Leit ham zwar gset, daß des de alt Keglbahn isch, aber was wissn denn d` Leit.

Über den Platz mit de drei Lindn und dem groaßn Stoa sen ma nocha oft zua den Haus num, des mir scho eher wia a halberts Schloß vorkemma isch, mit a Haufa Bluama, blühende Büsch und Bäum im Gortla. Da Gortlazaun isch aus Eisnstängelen gwes und de ham allwei so schea gscheppert, wenn ma mit an Steckla schnoi entlangstroaft isch. Des hot aber da Böglmüller, dem des Haus gheart hot, it so gern mögn, drum sen ma glei weitergloffa auf da Straß.

Do hot ma aber scho glei wieder Obacht gebn müaßn, weil am Schualhaus oft da Lehrer Schmitter herauß gstandn isch. Vo dem ho i scho vo meine Schwestern ebbas gheart. Er hot o a weani gfährli ausgschaugt, mit dem blitzatn Zwicker auf der Nosn.

Auf der andern Seitn vo der Straß ham ma a deamoi an Schuaster Maxl zuaschaugn kinna, wenn er im Gortla unter de Obstbäum Gras gmäht hot. Des isch a gmüatlicher Ma gwes. Ma hot eahn nia ohne sei Pfeifla gseachn und i ho allwei drauf gwart, daß er`s doch amoi verliert beim Arwatn.

Weiter drunt nocha, wo der Tesselbach unter der Straß durchgeaht, ischt erscht recht interessant worn. Mei, was ma do alls toa hot kinna: Stecklen auf der oana Seitn neischmeißn und drent schaugn wia`s rauskemma und auf`n Wasser weitertanzen, bis s` unter Stoahausers Haus in an Kanal verschwunden sen; im Bächla drinn a weani pritschln oder de Eisnschiena, de als Gländer do war, hin und her nackln, daß gscheppert hot.

Da Stoahauser, der allwei an blauen Schurz umbundn ghet hot, oan Zipfl davo obn im Bendl neigsteckt, hot meistns nix gset, aber d` Dädelin isch oft rauskemma und hot gschimpft. De hot mit ihrem Ma in an altn Haus glebt, des neberm Grabn drunt gstandn isch, als ob ma`s a weani neidruckt hätt.

Auf der andern Seitn vom Bächla hot da Graf in an kleanern Häusla ghaust. Vo mei Vater ho i gheart, daß der frühra im Guat drobn so a Art Baumoaster gwes isch. Es war o a mords Mannsbuid mit an scheane Schnurbart. Beim Brachmoar drent ham s` o a kleanere Landwirt-

schaft ghet. Wenn`s ma recht isch, soll er früahra amoi Postillion gwes sei.
Do isch oft da Peter, eahna Bua, der it geah hot kinna, in sein hochrädrign Kinderwagn oder in an Muilliwägal herauß gwes, und mir ham a deamoi a zeitlang mit eahm gspuit. Aber z`lang isch des nia ganga, weil halt it gscheit spuin isch, wenn oaner it aus sein Wagerl raus ka.
A Stückla übern Schmittaberg nauf isch nocha da Steigenberger-Schuasta kemma. Der hot mit sein Vollbart schier ausgschaugt wia der Apostl Petrus in der Kurch. Er isch ja o Messner gwes und isch oft recht granti worn, wenn Kinder in der Kurch koa Ruah gebn ham.
Beim Wassergrand drobn, wo de Straßn in `s Ober- und Unterdorf abzweign, sen glei mehra Sachn gwes zum Schaugn:
Auf der oana Seitn d` Schmidn, wo oft der Rauch aufgstiegn isch und recht gstunkn hot, wenn der lange Schmied grad an Ox oder an Roß a glühats Eisn a`paßt hot. Do bin i aber it z`nech higanga, weil de Viecher a deamoi recht umghaut ham.
Weniger gfährlich isch do auf der andern Seitn, beim Schäffler, gwes. Do ho i gern zuagschaugt wenn der Geisler, a kleanerer Ma, mit zwoa Hämmer um a Faß rumtanzt isch und d`Roafn nauftriebn hot.
Do, beim Grand, hot ma aber o die meistn Fuhrwerker seachn kinna. Roßgspanner sen ja bloß zwoa do gwes im Dorf. Oans vom Burgermoaster, mit an schwern Fuchs auf der Sattlseitn und oans vom untern Wirt, vom Hamberger. De andern sen mit Oxn gfahrn und de mit kleanerne Anwesn ham Küah eigspannt.
Do hot`s Fuhrleit gebn, de mit da Goaßl ham schnoin kinna, daß grad a so kracht hot. Mei, des hätt i halt o gern kunnt.
Heint heart ma so ebbas bei ins ja nimmer. Es tät halt bläd ausschaugn, wenn oaner mit da Goaßl aufn Bulldog drobn hockn tät.
Aber daß i weiter verzoi:
Ho i mir also do gnua gschaugt ghet, bin i langsam weiter gfuaßlt. Beim Glöckler isch höchstens spannend gwes, wenn der Schorschl mit an mords Fuader Heu kemma isch. D`Glöcklerin hot scheane, broate Fuader fassn kinna. Do ho i schaugn müaßn, ob des iatz schliaft, wenn

er in Tenna neifahrt. D`Henna aufn Misthaufn danebn ham mi weniger interessiert, aber beim Knopf, glei a Stückla weiter, isch nebn da Tennabruck so a eiserns Gstell gstandn, wo oft zwoa Oxn a ganze Weil im Kreis drumrum ganga sen. Mei Vater hot gset, daß des a Göppl isch, wo ma a Gsotmaschin und sowas a`treibn ka.
Bei so ebbas muaß ma doch zuaschaugn.
Drent beim Schreitt isch interessant gwes, wenn der Seppl d`Oxn ausgspannt und in Stall neitoa hot. De sen ganz alloa hintereinander neigschlorpft und er isch hint nochganga und hot mit da Goaßl gschnoit.
Da Seppl isch nämli oaner vo de guatn Schnoierer gwes.
Beim nächstn Haus, beim Fischer, ho i allwei a bißl länger schaugn müaßn. Do isch ja scho `s Haus alloa ebbas Bsunders gwes. So oans hätt i o gern ghet, so ganz aus Holz.
Fischers ho i eigentli ganz guat leidn kinna. Er war a ganz a scheaner Brockn vo an Mannsbuid, mit an langa Schnurbart und sie a kleaners Weibla, meistns mit an Kopftüachla um, daß ma vo Gsicht fast nix mehr gseachn hot. Er isch ins Holz ganga, wia mei Vater o, und no ham s` no a zwoa Küah ghet und etli Goaßn. Wenn de durchs Gatter bei der Stalltür rausgschaugt ham, ho i allwei an de siebn Geißlein denkn müaßn.
Über der Straß drent ham Kammerlochers ghaust, o mit an kloana Sächla. Er isch o no als Jäger ebbat a`gstoit gwes, drum sen in da Stubn a Haufa Reachgwichtlen und ausgstopfte Viecher umanand ghängt.
Früahra soll do da Lehra, da Doll ghaust und sogar a zeitlang Schual ghaltn ham. Der Anger unterm Schreitt hot no Schualanger ghoaßn.

Des nächste Stuck vo mei Hoamweg isch wieder gfährli gwes.
Beim Kochgall ham s` nämli Gäns ghet. Mei Liaba, do host roasn müaßn, wenn oan de mit an greißlign Zischen und gstreckte Kragn noch

sen. Vor de Leit ho i do koa Angst ham braucha, weil do hauptsächli Weiber, i denk a Stuckera fünf oder no mehra ghaust, und d`Landwirtschaft garwat ham.
Wenn i, zwengs de Gäns, scho im Loffa gwes bi, ho i gschaugt, daß i beim nächstn Haus, beim Bössinger, o glei vorbei kimm. Ma hot ja nia gwißt, ob er it grad wieder rauskimmt und oan mit an Prügl nachlofft. Der hot allwei Kinder gschreckt und i woaß it amoi warum. Es werd doch it deswegn gwes sei, weil i amoi a paar Johannisbeerlen a`brockt ho, bloß so im Vorbeigeah.
Außer de Weinbeerlen ham s` no etli Küah und a paar Oxn ghet. Er hot außerdem, wia mei Vater gset hot, als „hi und do Maurer" garwat. Hinterm Bössinger drobn isch des Haus vo da Roasele Kathl kemma. De hot a zwoa Küahlen, an Ox, Goaßn und a paar Schof ghet und hot ganz alloa ghaust. Wenns grad guat aufglegt gwes isch, hot s` ma oft Nussn und im Herbst gar a paar Weintraubn gschenkt. De sen an an groaßn Weinstock an der Hauswand gwachsn und ham recht guat gschmeckt.

Mendls Haus isch vo da Straß a Stückla weg gstandn, drum ho i do it so vui gseachn. Gheart hot ma eher amoi ebbas, wenn d`Mendlin grad wieder gschimpft hot. Des isch a dicks Wei gwes, hot allwei d`Haxn eigfatscht ghet und a Stimm wia a Trompetn. Er soll früahra im Guat drobn Schweizer gwes sei und sie ham o a scheans Viech ghet. D` Mina, de so alt gwes isch wia i, isch bei de Mendls aufzocha worn und öfter mit mi vo der Anstalt hoamganga.
Bei de Herbs, de im nächstn Haus glebt ham, isch o a Mälla do gwes, a paar Johr älter wia i. Mit dera ho i a deamoi gspuit und drum bin i o scho in `s Haus neikemma gwes. Do sen in de Zimmer überall Tabakblätter an Schnürlen aufghängt gwes und es hot o überall danoch gstunka. Er, der Herb, isch a Zigarrnfabrikant gwes, des hoaßt, er hot aus de Tabakblätter Zigarrn dreht und hot`s verkoft. Ob er a guats Gschäft gmacht hot, woaß i it. Mein Vater ham`s it recht gschmeckt, de Herb-Zigarrn.

Vui zum Schaugn hot`s nocha bei Eitzenbergers Werkstatt gebn. De ham Wagnerei und a Schmidtn ghet. Er, der alt Eitzenberger, hot nimmer recht vui toa kinna, weil er mit zwoa Steckn geah hot müaßn, aber an Schurz hot er doch allwei umghet.

Des Scheanste war do, wenn de zwoa Buam, da Schorschl und da Seppl oder o a Gsöll, auf a Wagnrad an Eisnroafn aufzochn ham. Bua, do sen s` drumrum tanzt und ham mit de schwern Hämmer neighaut,` s Holz hot graucht und a deamoi sogar brennt. Wenn sie `s nocha ins Wasser neitaucht ham, hot`s zischt und der Dampf isch aufgstiegn, daß ma schier nix mehr gseachn hot..

Es loßt si denkn, daß bei so vui aufregende Sachn mit lauter Schaugn und Wundern scho a Weil dauert hot, bis i schliaßli hoam kemma bin. Do ho i mi aber oft no mehra wundern müaßn, daß meine Leit des it versteahn ham kinna. A deamoi hot`s glei a rechts Wetter gebn und es hot hint eigschlagn, bsunders, wenn in meiner Hosn ebbas drinn gwes isch, was it neigheart hätt.

Im Holz

Im Früahjohr isch im Holz drauß schea
wenn all`s werd frisch und wieder grea
und d`Vogerl singa überall
vom Meiserl bis zur Nachtigall.

Im Summer isch im Holz drauß schea
ma ka im küahln Schattn geah.
A Gruch vo Harz isch in der Luft
und überall isch Tannaduft.

Im Herbst do geaht`s no farbi zua
im Holz, und überall isch Ruah
bis auf`n Specht sein Hammerschlag
den ka ma hearn an ganzn Tag.

Im Winter isch erst recht no schea
do siecht ma junge Feichtn steah
an dene silbern glänzt da Pfreim
daß s` ausschaugn grad wia Weihnachtsbäum.

Mei erschte Hosn

Also, eigentli gibts ja über a Hosn it recht vui zum Redn!
Es isch halt so a Art Futteral für alls, was so vom Bauch abwärts an am männlichn Mensch dra isch.
Halt! Des männlich gilt heintzutag scho länger nimmer. I tät ja o gar nix sagn, wenn it de Hosn, mei erschte halt, für mi ebbas ganz Bsunders gwes wär und des glei zwoafach.
Daß ma de Sach recht versteaht, muaß ma wissn, wia des früahra so war mit de Kinder.
I moa auf d`Welt kemma werdn s` wahrscheinli o so sei wia heint no, aber nocha, so de erste Zeit, oft schier bis zua zwoa Johr, hot ma früahra a weani andere Sittn ghet.
Heint woaß ma ja meistns scho an der Farb vo de Strampflhoserl und de Jopperl ob sich`s um a Kindla weiblichn oder männlichn Geschlechts handelt. Dafür tuat ma si heint später, wenn s` a so a 1000 Wochn alt sen, wieder schwerer. Mit der Farb geaht do gar nix mehr und o auf `s Gwand und de Hoor ka ma si nimmer verloßn.
Zua meiner Kinderzeit isch des grad anderscht rum gwes.
Vo meiner „Chaisen" Zeit (Chais hot domois bei ins der Kinderwagn ghoaßn), also vo dera Zeit wui i gar it redn. Es geht mehra um de Wochn und Monat danoch, wo ma scho auf de eignen Füaß hot steah und de erschtn wackligng Schritt hot toa kinna.
Des muaß ma si vorstoin: Do hot ma als Mannsbuid – a bißla kloa zwar no, aber sunst umadum echt – do hot ma also als Büawla – fast schenier i mi heint no a bißla aber wohr isch: A Röckla hot ma a`ghet, wia a Mälla.
Zua dera Zeit ho i mir aber do drüber no it vui Gedankn gmacht.
Wenn i so recht überleg, hot de Sach vielleicht o a paar guate Seitn ghet. Grad in der warma Johreszeit, wenn ma in `s Gortla hot nauskinna und untn „ohne", i moan ohne Windln war, hot ma vo der Welt vui mehra erfahrn, wia wenn ma a Hosn a`ghet hät.
Mit a Hosn hätt`s ja nia so schea pflatscht, wenn`s oan am Pflaster auf`n Orsch highaut hot und o sunst hot ma vui mehra gspürt vom Gras, vo

de Stoaner und de Brennessln. So isch ma scho früah draufkemma, daß
`s Lebn ganz schea hart und gstupfert sei ka.
Durch de „untn ohne" sen o de – na, wia sagt ma des auf „vürnehm?"
– ja, also de menschlichn Bedürfnisse, halt `s Gegnteil vom Essn und
Trinkn, leichter und ohne „Hemmungen" vor sich ganga.
Sie hot also vielleicht doch ebbas Guats o ghet, de Röckla-Zeit. Schliaß-
li isch aber doch amoi soweit kemma: I ho a Hosn kriagt.
Des hot bedeitd, daß i ganz öffentli, o an Gwand noch, a Bua worn bi.
Daß des soweit kemma isch, mit dera Hosn moan i, hot freili o no ebbas
anders mitgspuit: D` Anstalt! Na, des hot nix z`toa mit Haft- oder Irren-
anstalt. Früahra hot bei ins der Kindergartn Kinderbewahranstalt gho-
aßn und weil des zum Redn z`lang gwes isch, hot ma halt bloß Anstalt
gset.

Aber daß i des recht verzoi:
Es isch also so gwes, daß d`Leit, grad in der Landwirtschaft, im Som-
mer weani Zeit ghet ham für ihre Kinder und gschaugt ham, daß s`
möglichst früah in d` Anstalt kemma sen. Do hot ma s` aber erscht
gnomma, wenn s` alloa essn und trinkn ham kinna und o `s Gegnteil
a bißla, na wia soll i sagn – halt a bißla kontrolliert vor sich ganga isch.
Des isch ja o wieder wegs der Hosn wichtig gwes.

Mei, de Hosn, mei erschte Hosn, des war a Modell wia`s heint koans
mehr gibt. A Spitzmodell sozusagn, maßgschneidert natürli.
Gnäht, heint tät ma sagn kreirt, hot`s d`Lena.
De isch Stearnoderin gwes bei ins, de sunst eigentli bloß für d`Muatta
und für meine zoa Schwestern d`Staatsgwänder, halt de Sunntas-Fei-
ertags-Ausgehgwänder gnäht hot – noch der neiestn Mode natürli –
aber in dem Fall ausnahmsweis in Herrenmode garwat hot.
Z` erscht hot s` mitn Moßbendl gmessn, nocha `s Tuach zuagschnittn
und scho noch a paar Stund isch de erschte Anprob gwes.
Ob ma`s globt oder it: Scho do, wia i `s erschte Moi in de Röhrlen neig-
schloffa bin, isch mir glei ganz anderscht worn, so richti herrlich, i
moan mannsbuiderisch, wia heintzutag vielleicht a Dings- a Playboy –
moant, daß er wär. Na, Playboy paßt do it her. Bleib ma bei insera
Sproch, do hoaßert des ungefähr „Gspui-Büawla".

Aber, daß i wieder auf mei Hosn kimm:
I ho ja scho gset, daß de it bloß a echts Mannsbuid aus mir gmacht hot, sondern scho für sich selber ebbas bsunders gwes isch. Daß d`Haxnröhrln in der Läng grad so zwischn Knia und Bodn aufghört ham, hot wahrscheinli mit der seinerzeitign Mode ebbas z`toa ghet. Es ka aber o sei, daß do d`Sittlichkeit mitgspuit hot.
Vielleicht hätt de Weiblichkeit zua dera Zeit den aufreizendn Anblick vo so an rassign büawlischn Mannsbuiderknia no it recht dapackt. Do woaß ma nix gwiß.
Auf jedn Fall sen d`Knia a so it bloß vom begehrlichn A`schaugn, sondern o vom Aufschlagn und Verkratzn gschützt gwes. Do war aber no vui mehra. Obn, am Bauch, wo heint de Hosn a`fangn oder aufhörn, wia ma`s nimmt – isch do glei a elegante Gilet-Westn a`baut gwes, bloß hot ma de am Buckl hint zuaknöpfln müaßn. Mei Liaber, des hot fei scho besser ausgschaugt, wia heint so a Tschiens-Fetzn.
Und Hosnsäck hot s` ghet, so tiaf, daß ma alls neibrocht hot, was zua a Buam-Ausrüstung so gheart: Nägl, Stoaner, Klucker ( so ham bei ins d`Schusser ghoaßn), Kastanien und so.
Das Höchste kimmt aber erscht no: I moan, daß für de kloana Gschäftlen, na, für de Abwässer halt, a Türla do war, isch ja selbstverschtändli, aber – und iatz kimmts: Do war sogar für de groaßn, de rückwärtign Bedürfnisse zwecks der schnelleren Erledigung a Vorrichtung eibaut. Wo findet ma des heint no?
Ja, das war also a Klappn-Falln – so hot ma`s ghoaßn – de mit drei Knöpf im Normalzustand ghebt worn isch.
Bei Bedarf, i moan wenn ma „müaßn" hot, sen bloß de drei Knöpf zum Aufmacha gwes – zwoa an de Seitn und oaner hint in der Mitt – und scho isch der Ausgang freiglegt gwes.
Des war scho a Sach mei Liaber, gricht für Leit, de weani Zeit ham. I versteah it, warum`s des heint nimmer gibt, wo doch d`Leit no weaniger Zeit ham, wia früahra.
Jo, des war scho a wirkli a raffinierte, praktische Einrichtung, bloß an kloana Fehler hot s` ghet für mi als kloans Büawla: Den drittn Knopf hint in der Mitt. Den ho i halt alloa no it aufbracht.

So isch halt a deamoi passiert, daß i auf'm Hoamweg vo der Anstalt mit lauter Schaugn oft länger braucht ho und – na ja, do hätt`s halt arg pressiert, bis oft z`spät war. Do ho i nocha, wenn i a weani broatspurig den Fuaßweg zua inseren Haus naufgwacklt bi, scho von Weitm gschrien:
" Muatta, gar neamand hot mir den Knopf hint aufgmacht." Aber, wia gset: Sunst isch des scho a Spitznmodell gwes, mei erschte Hosn.

Der Fluch der Technik

De Technik, sagt ma, isch a Segn
und doch isch akkrat ihretwegn
so vui aus insern Dorf verschwundn,
des ma do früahrer no hot gfundn.

I red it von der Gmüatlichkeit,
de nimmer isch wia seinerzeit.
O it vo dene Handwerksspartn,
de ausgstorbn sen, oder drauf wartn

I moan do an ganz bsundern Stand
der früahrer gfrogt war auf `m Land,
daß ma vo nächer und vo weiter
hot gholt no etli Gastarbeiter.

De Arwat war gar it so leicht.
Ma hot it Wind und Wetter gscheucht.
Als Aufsicht drauß auf Wies und Leitn,
hot ma scho braucht Persönlichkeitn.

Grad schaugn host müaßn und isch grennt.
Heint hoaßat ma des „Mänätschment".
Mei, solche Postn wenn`s no gäbat
wia des glei insre Wirtschaft hebat.

Doch wia isch heint? Es war da Droht,
der diesn Stand kaputt gmacht hot
Es hoaßt, des wär vui rationeller,
wia Hüatabua und Hüatamälla.

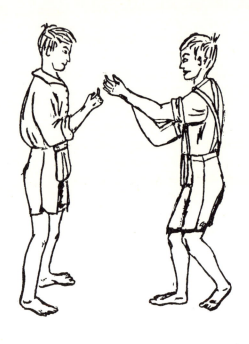

Da Oberläuter

Wenn früahraszeit a Festtag war,
a Leich oder Fronleichnam gar
do hot ma d`Glockn anderscht gläut
it mit an Schalter so wia heit.

Do war des Gläut no voller Lebn
weil do hot d`Läuterbuam no gebn
de drobn an Turm am Glockenstrang
dem Gläut ham gebn den rechtn Klang.

Daß des it bloß a Gaudi war,
des isch ja schliaßli jedn klar,
der von Glockn was vasteht
weil `s Läutn it so oafach geht.

De Fraunglockn und de Kloa
de hot no oaner packt alloa.
De Kriaga war scho schwer zum Ziagn
de war it leicht zum Schwinga z`kriagn.

Und gar de Groaß, de hot oan gschlaucht
de hot oan bsundern Läuter braucht,
weil, do isch it zum Ziagn bloß ganga,
ma hot an Schwengl müaßn fanga.

Da Oberläuta hot des kunnt,
mei Liaba des war scho a Hund:
mit oan Satz unter d`Glockn nei
fangt er mitn Soal an Klöppl ei

Daß der it schlagt an d`Glocknwand
hot er de Schlinga in der Hand,
genau im Takt, wia d`Glockn wiagt
loßt er `s Soal nochi oder ziagt.

Und nochat, wia`s geht siecht ma kaum,
taucht nei er untern Glocknsaum,
a kloana Schlenza, und soglei
is scho da Schwengl wieder frei.

Und scho setzt ei mit vollem Klang
de Groaße mit ihrn tiafn Gsang
und d`Leit ham kennt am Glocknschlag:
Heint muaß scho sei a bsundrer Tag.

Des war halt no a andre Zeit
koan Oberläuta gibts mehr heit.
Warum`s so isch? Es sollts ihr wissn:
De Technik hot eahn auf`n Gwissn.

Ministrantnzeit

Also, des muaß doch a jeder zuagebn: zua an Dorf gheart a Kurch und zua der Kurch a Pfarrer. Wenn iatz der sei Amt in der rechtn Weis ausüabn soll, braucht er dazua Ministrantn.
Was wär denn o a Meß oder gar a Hochamt ohne de Pfarrer-Assistentn.
So ka`s doch eigentli gar koan Zweifl darüber gebn, daß des, grad in an Dorf, a wichtiger und ehrbarer Stand war und isch.
Muaß man si da it frogn, wia des kimmt, daß manche Leit so nebnbei oafach behauptn: „Ministrantn sen Lumpn?" Meistens grinsn s` dazua, so als ob sie ebbas wissn tätn. Wahrscheinli kenna sie sich aber doch it recht aus und wissn it, was zum Ministrant-sei alls dazua gheart.
Daß ma sich da leichter a Buid macha ka, möcht i vo meiner Ministrantnzeit verzoin.

Also, mei Ministrantn-Karriere hot scho in der Anstalt (heut Kindergartn) a`gfangt. Im Kloaster, bei de Schwestern, ham s` domois grad an Ministrant braucht und so hot mi d`Schwester Eudoxia, de wo de Anstalt unter sich ghet hot, dazua abgricht.

Bis i nocha in d`Schual kemma bi, ho i `s Confiteor und `s Suscipiat und natürli de andern lateinischn Gebete alle guat auswendi kenna.
Zua dera Zeit hot des neie Schualjohr allwei im Früahjohr a`gfangt und do ho i nocha gleichzeiti mit der Schual o mein „Deanscht" im Kloaster a`tretn. Do muaß ma wissn, daß de Ministriererei im Kloaster für mi bloß a Saisongeschäft vo Früahjohr bis Herbst gwes isch.
In de Johreszeitn wo`s in der Landwirtschaft it so pressant war und an de Sunnta, hot nämli allwei oaner vo de zwoa Knecht vom Kloaster, der Paul oder der Josef ministrieren müaßn.

Der Pater Inozenz, der domois für de Kloasterschwestern als Seelsorger zuaständig gwes isch, hot im Kloasterguat drobn ghaust.
I woaß it, ob des für eahn o so hart gwes isch wia für mi, daß d`Meß im Kloaster allwei scho in der Früah um Sechse a`ganga isch.
Weil d`Schual aber erscht um Achte a`gfangt hot, ho i im Kloaster noch der Meß a Mulli oder an Kakao und dazua a Stuck Weißbrot kriagt.
Schad, daß de Mulli a deamol a`brennt gwes isch. Nocha ho i auf an Kanapee gschloffa, bis ma mi uma dreiviertl Achte aufgweckt hot zum Schualgeah.
Eigentli sen de nächstn paar Johr ohne bsundere Aufregung rumganga.
Daß mir amoi `s Meßbuach, wia i`s vo der Epistel- auf d`Evangeliseitn numtragn wollt, auf`n Kopf und nocha auf d` Altarstufn gfalln isch, war halt a kloaner Betriebsunfall. I bin ja o no a rechts Krischpala gwes zua dera Zeit.
Wia nocha in der Pfarrkurch oaner vo de 4 Ministrantn aus der Schual kemma und so dem sei Stell in der Kurch frei worn isch, bin i do glei eigsprunga.
A zwoa Johr lang ho i nocha glei, zumindest im Summer, oft um Sechse drunt im Kloaster und um viertl nach siebeni drobn in der Pfarrkurch ministriert. Schliaßli hot der Brachmoar Lenzi des „Gschäft" im Kloaster übernomma und i war bloß no oaner vo de 4 Ministrantn in der Pfarrkurch beim H.H. Geistlichen Rat Hörtensteiner.
Der Bock Hiasl isch zua der Zeit „Ober" gwes und außerdem warn no der Schwob Michl und der Ott Hansl. A Johr drauf isch der Bock Hiasl ausgschiedn und der Stoahauser Luggi isch dafür eigstandn. „Ober"isch nocha der Schwob Michl worn.
Also des muaß i sagn: Drobn in der Pfarrkurch war`s scho vui interessanter. Do isch allwei wieder ebbas los gwes.
Die Diensteinteilung war a so, daß oaner a Woch lang bei de oafachn Messn alloa ministriert hot. Des isch der „Wöchner" gwes. Wenn in dera Woch a Johrtag oder so ebbas war, wo ma zwoa Ministrantn braucht hot, isch der dazua kemma, der in der vorhergehendn Woch „Dienst" ghet hot. Des isch nocha der „Mitwöchner" gwes.

Bei an Amt oder a Leich isch ma sowieso „vierspännig gfahrn", was ghoaßn hot, daß alle vier Ministrantn zum Einsatz kemma sen. Do isch übrigens a ganz feste Rangordnung gwes. Der Oberministrant hot`s Rauchfäßla gschwenkt, der zwoate isch an de Altarstufn rechts gstandn, der dritte links und der vierte hot`s Weihrauch-Schiffla tragn.

Wia de Einteilung zuastandkemma isch?

Na, halt je nochdem wia lang oaner scho im „Deanscht" war und vielleicht no durchs Lebensalter.

Zum Deanscht hot nebn Ministriern außerdem no`s Läutn gheart. Bei normale Messn unter der Woch sen bloß de zwoa Glöcklen auf`n Turm vo der Kurch selber gläut worn. De Soaler dazua sen in der Kurch ganz hint beim Tauftstoa raghängt und do hint hot ma`s guat aushaltn kinna, so lang vorn d`Meß dauert hot.

Sunntas oder gar an Feiertag und o bei andere Anläß wo zwoa- oder vierspännig gfahrn worn isch, hot ma drauß de vier großn Glockn im Römerturm gläut.

Des war allwei a Gaudi wenn ma untn beim Abbremsn am Soal bis zur Holzdeckn naufzogn worn isch und sich beim Runterkemma de Kuttn und Chorröck aufbläht ham wia Fallschirm.

It ganz so lusti isch des gwes, wo der Ott Hansl und i amoi unter an Amt in der Sakristei drauß Bocksprüng probiert ham. Mit de Meßgwänder isch des aber it gscheit ganga. Es hot uns alle zwoa highaut und wegn dem Lärm is der Messner, der Steigenberger Hans, rauskemma. Do hot`s Watschn gebn.

A deamoi war`s scho it ganz leicht als Ministrant aber ma hot ja o was verdeant dabei.

Für a Amt oder a Hochamt an Sunn- oder Feiertag hot`s zwar nix gebn, aber sunst für jede Mess` a Zehnerla. Des hot natürli bloß der kriagt, der grad ministriert hot und auszahlt hot`s der Pfarrer bloß in Pfenning und Zwoaring, weil halt im Klingelbeutl nix anders drin gwes isch.

Für a Leich (Beerdigung) sen sogar 25 Pfennig zahlt worn, aber des hot ma si oft schwer verdeana müaßn. Im Winter isch an Gottsacker drobn oft saukalt gwes, wenn der „vorder Wind" herzogn hot. Samt Ohrnschützer und Händscha (Handschuhe) isch ma a deamoi ganz schea ins Bibbern kemma.

Vui leichter ham mir`s a Goid bei a`ra Hochzeit verdeant. Do isch mit an Strick an der Kurchntür abgsperrt und vo de Hochzeitsgäst gsammelt worn. Des vergiß i it, daß bei der Hochzeit vom Orterer Ludwig vo ins vieri a jeder 5 Mark kriagt hot.

5 Mark sen zua dera Zeit für an Bua schier an Vermögn gwes. Wenn ma sich des vorstoit: mindestens 500 Guazeln hätt ma für 5 Mark koffa kinna.

Wo no a bißla was zum Verdeana gwes isch, des war beim Oarkleppern.

Es isch bei ins der Brauch gwes, daß d`Ministrantn an de erschtn Tag in der Karwocha in der Kurchngmoa vo Haus zu Haus ganga sen und Oar gsammelt ham. Jeder Ministrant hot dazua an Klepperer ghet. Des isch a Hartholzbrettla gwes, so an de 50 cm lang und ungefähr 20 cm broat. Am obern End isch a Griff ausgschnittn gwes und an jeder Seitn sen mit Lederbänder 3 Holzkugln angmacht gwes. Wenn ma des Brettla an Griff hi- und herdreht hot, ham de Holzkugln an`s Brettla highaut und es hot g`kleppert.

De Klepperer hot jeder Ministrantn-Anfänger vo sein Vorgänger „ablösn" müaßn.

Am erschtn Tag isch ma z`erscht zua de Foarster-Höf num, de zua der Wessobrunner Kurchngmoa gheart ham. Des hot sich auf jedn Fall rentiert, weil ma beim Hetzl, beim Schlittbacher und beim Schütz allweil ziemlich vui Oar z`sammabrocht hot.

Über Scheawog sen ma nocha auf Zellsee ganga. Beim Zellmüller und de Schilcherhöf sen wieder a guate Portion Oar in den groaßn Kretzn dazuakemma. Weil ma scho grad do warn, ham ma beim Baron vo Bories o kleppert, obwohl der evangelisch gwes isch und o koane Henna ghet hot. Aber mir ham ja a Goid o braucha kinna.

Auf`n Weg hoam zua isch no glei `s Unterdorf a`kleppert worn.

Am nächstn Tag sen nocha de andern Wessobrunner Häuser dra gwes und schliaßli de groaßn Baurn vo Schellschwang und d`Hoad.

Vo de gsammeltn Oar hot der Messner 60 Stuck kriagt, ganz gleich wia vui mir z`sammabrocht ghet ham. Trotzdem isch für ins no ganz schea was übrigbliebn. Oamoi woaß i, daß jeder vo ins 120 Oar und 80 Pfenni kriagt hot.

Weil ma dahoam selber Henna ghet ham, ho i de Oar verkoffa kinna und do sen o wieder a paar Mark z`sammakemma, wenn o zua dera Zeit für a Oar bloß 6 Pfenni zahlt worn sen.

Aber reich isch ma als Ministrant trotzdem it worn, wenn`s o sunst no a paar Verdeanstmöglichkeitn gebn hot.

So ham d`Ministrantn zua Fronleichnam aus Roatklea und Margaritn Kränzlen gmacht. Mit dene sen in der Kurch d`Kerznleuchter verziert worn.

Weil de Kränzlen in der Fronleichnamszeit am Altar bsunders vui „Weich" kriagt ham, sen s` bei de Leit recht gfrogt gwes. Ma hot s` im Hergottswinkl am Kreuz highängt und sie ham für `s Haus Glück und Segn brocht.

Jeder Ministrant hot do meistens scho seine festn Abnehmer ghet und de ham natürli scho a paar Pfen-

ni oder gar a Zehnerla für so a Kränzla springa lossn.
Es isch aber it so, daß do überall a Profit rausgschaugt hätt.
Zum Wessobrunner Fest zum Beispui, des war `s Bruaderschaftsfest am erschtn Sunnta im August, ham d`Ministrantn vo de Häuser wo s` bsunders scheane Bluama ghet ham, Geranien- und Begonienstöckle z`sammagholt, daß ma d`Kurch bsunders schea hot schmückn kinna. Es warn meistens jeds Johr de gleichn Häuser wo ma s` gholt hot. Beim Fischer, beim Drexler, beim Rückl, beim Stroßer und bei no a paar. Mit ara Tragn sen s` z`sammtragn und mit an Brucknwagerl zur Kurch gfahrn worn. Bloß de scheanste Stöck sen do hergnomma worn, aber frog it, wia de ausgschaugt ham, wenn ma s` nocha a 14 Tag wieder z`ruck gebn hot.
Wir ham de Bluamascherbn meistens schnoi higstoit und sen glei ganga, weil mir uns schier gschämt ham für de armselign Stingl. Na ja, aber für d`Leit war`s doch a Ehr`, daß ihra Bluama für an Schmuck vo der Kurch hergnomma worn sen.
Wenn ma des alls so z`sammanimmt, ka ma doch it vo Lumperei redn, oder?

Ach so, wia des mitn Meßwei war?
Also i muaß sagn: mir hot er überhaupt it gschmeckt.

Weil's so der Brauch war ...

Also Zeitn sen des heintzutag, Zeiten, na, na ...
Was werd des no amoi wern ... D`Leit wern allwei no gruachater und gwalttätiger. Alle Hunds-schoaß ka ma in der Zeitung lesn vo Mord und Toatschlag und was sunst no alls.
Es fangt ja mit der Jugend scho a. Wenn ma bloß de Rockerbandn a`schaugt: De fahrn mit ihre Motorradln und Moperl umanand und haun d`Leut z`samm mit Radkettn und so an Zeig. Ja, und sogar d` Schualkinder bringa anander oft halbert um und stelln alls mögliche a. Na, also so ebbas hot`s zua inserer Zeit it gebn...
Na ja, des hoaßt, a weani isch do scho o hi und do grafft worn, aber doch it glei a so und it mit Radkettn.
Überhaupt war des sozusagn mehrer im Rahmen der Brauchtumspflege. Es war halt a alter Brauch, daß`s hi und do zwischen de Hoader und Wessobrunner Schualbuam an kloana Kriag gebn hot.
Woher er kemma isch, der Brauch, und wia weit de Tradition z`ruckgeht, woaß i it. Des werd o de neieste Geschichtsforschung nimmer ganz gnau rauskriagn. So werd ma o nimmer rausfindn, wer do amoi a`gfangt hot, aber do sen sich ja de Geschichtsschreiber it amoi bei de groaßn Kriag einig.
Es war bei ins o ganz anderscht wia bei an richtign Kriag: Kampfhandlungen sen bloß hi und do ausbrocha. Vielleicht, wenn ma grad mehra Zeit und sunst nix bessers zum toa ghet hot.
Im Summer isch do sowieso it vui ganga, weil ma noch der Schual glei hoam und auf `s Feld naus oder später zum Küahhüatn müaßen hot. So hot`s allwei wieder längere Friedenszeitn gebn und überhaupt: persönliche Feindschaften zwischen de oanzelnen Mitglieder vo de zwoa feindlichen Gmoa-Kampfgruppn sen do kaum aufkemma. Ma hot dazwischen miteinand Räuber und Schandi gspuit, isch Schlittschuach oder Schlittn gfahrn und hot mitanand ministriert.
Do muaß ma sich scho frogn, warum nocha überhaupt grafft worn isch, aber des woaß ma meistens it amoi bei de groaßn Kriag und do ka ma doch it oafach sagn: Weil`s so der Brauch isch...oder doch?
Über insere Raffereien wüßtn heinzutag de Psychologn gwiß allerhand zum Verzapfn. Do wär vielleicht de Red vom Abbau aufgestauter

Aggressionen, größtenteils hervorgerufen durch übermäßigen Schulstreß in Verbindung mit der Kompensation einer durch Gesellschaft und soziale Struktur iniziierte Frustration... und so furt nochanand.
Mir ham ja zua inserer Zeit vo dem psychologischen Zeig no nix gwißt, sunst hätt ma vielleicht de Rafferei mehra wissenschaftlich betriebn.
So arg gfährlich isch ja eigentlich meistns gar it zuaganga bei ins. Freili, a paar Binkl oder Kratzer sen scho amoi vürkemma, des gheart halt amoi dazua, aber ernstliche Blessuren sen kaum auftretn und i wüßt koan, der an Dauerschadn davotragn hätt.
Genau gnomma isch es bei dem Brauch hauptsächli um `s Hoamtreibn ganga. Des hoaßt, daß d` Wessobrunner probiert ham d` Hoader übern Kurchaberg nauf z`treibn und d`Hoader d`Wessobrunner übern Schmiednberg. Des warn sozusagn de Demarkationslinien. Es isch aber scho o amoi vürkemma, daß de Linien, im Eifer des Gefechts, überschrittn worn sen.
Ma hot bloß um d`Schual rum obacht gebn müaßn. Do isch allwei gfährli gwes, weil sich do der Lehrer Schmitter oft glei a paar vo de wuidesten „Kämpfer" rausgsuacht hot für a Portion „Überglegte" am nächsten Tag. Na ja, des hot ma halt als unangenehme Nachwirkungen in Kauf nehma müaßen.
Wenn`s also wieder amoi so weit war, sen de Feindseligkeiten meistns bei de drei Linden oder auf`m Weg zur Kurch hinteri eröffnet worn.
Als Einleitung isch z` erscht so a Art Propagandafeldzug kemma, des hoaßt ma hot sich möglichst greißlige Schimpfwörter zuagschrien.
Auf de Weis isch nocha mit der Zeit erscht de richtige Kampfstimmung aufkemma. Isch's schliaßli zua Handgreiflichkeitn kemma, sen auf jeder Seitn de gröaßten „Brockn" als Panzer sozusagen vorn dra gwes. Bei de Hoader woaß i aus meiner Zeit an Bock Hiasl, an Möst Schorschl, an Schwab Michl, an Ott Hansl und no a paar vo dem Kaliber.
Auf de Wessobrunner Seitn ham der Hecker Martl, der Doll Hansl, der Gattinger Toni und der Baur Seppl Panzer gspuit. Des hot si halt mit de Klassn allwei wieder gändert.

Zeitweis sen s` no verstärkt worn durch Fremdenlegionäre, i moa Hüaterbuam vo auswärts, wia z.B. an Kröni, der beim Gerg ghüat hot und an Walter Peter, der beim Orterer war.

Vo de Andern, de weniger starkn bis zua de Krisperln, hot si halt a jeder auf der Gegenseitn oan rausgsuacht, wo er gmoant hot, daß er den derpackn kunnt.

Weil ma im Summer z`weni Zeit ghet hot, ham de Kampfhandlungen meistens im Winter stattgfundn. Des hot den Vorteil ghet, daß ma nebn Haslnußsteckn, was de normale Bewaffnung war, o Artillerie, i moan Schneaballn, hot einsetzn kinna.

Do warn natürli Spezialistn am meistn gfrogt, de am bestn treffa ham kinna und an richtgen Zug drauf ghet ham.

Scharf protestiert isch aber glei worn, wenn oaner Eisschneaballn gschmissn hot. Des warn solche, de ma z` erscht ins Wasser taucht oder in der Hand so lang druckt hot, bis s` außn vereist gwes sen.

Überhaupt hot ma sich scho a weani an so a Art ungschriebene lokale Landkriagsordnung ghalten. Schwere Waffn, i moan solche, de zu schwere Verletzungen hättn führn kinna, sen it erlaubt gwes. So war eigentli scho außerhalb der Legalität, wenn der Doll Hansl (Bäckerbua beim Schmiedbäck) vo sei'm Brotkretzn an Lederreama weggmacht und damit zuaghaut hot. Des war weniger wegn dem Lederreama, aber do isch am End a eiserner Ring dra gwes und der hot scho ganz schea weh do, wenn ihn oaner an`n Schädl hikriagt hot.

Ja, so isch halt nocha zuaganga, mit Fäust, Steckn, Schneaballn und Eireibn, bis oa Partei über den entsprechenden Berg naufgjagt war. Wer gwunna hot, isch meistens vo dem abghängt, welche Gruppn an dem Tag de – nach Quantität und Qualität – stärkere Mannschaft auf d`Füaß brocht hot.

Do ham aber oft de „Eingreifreserven" a entscheidends Wörtla mitgredt: D`Mällen! Mei Liaber, wenn sich de holde Weiblichkeit ins Gfecht gstürzt hot, isch`s oft mancher büblichen Männlichkeit schlecht ganga. I ho ja scho zua dera Zeit de Rederei vom schwachen Geschlecht nimmer recht globn kinna.

Mei, wenn ma heint so z`ruckdenkt, muaß ma scho sagn: A scheane Zeit isch des scho doch gwes und es isch no it so zuaganga wia heint, mit dene Schlägereien.

Wenn bei ins so hi und do amoi grafft worn isch, nocha ja bloß weil`s halt so der Brauch war.

„Wässrige" Erinnerungen

Des isch ja bekannt, daß `s Wasser für alle Leit und Viecher a ganz wichtige Sach isch. Ma braucht`s zum Wäscha, zum Bluamagiaßn, zum Schiflafahrn und wenn ma an rechtn Durscht hot, ka ma`s sogar trinkn. Weil grad vom Durscht de Red isch, muaß gsagt wern, daß in dene Johr, wo i aufgwachsn bi, vui mehra drauf gschaugt worn isch, daß im Dorf koaner verdurschtn hot müaßn.

Do hot`s it bloß beim groaßn Grand, so in der Mittn vom Dorf, den`s Gott sei Dank heint no gibt, wenn er o a weani kleaner worn isch, do hot`s also bloß it do so a verschnörklts gußeiserns Standrohr gebn, wo aus an Arm andauernd a Wasser gloffa isch. I woaß o no beim Dax, am Kurchplatz, beim Gmoahaus drauß, wo domois der Schandarm gwohnt hot, und beim Sedlmoar hint solchene öffentlichn Wasser-Tankstoin. Do sen meistens sogar so Blechbecherlen dabeighängt, daß ma sich beim Trinkn leichter do hot, aber de sen öfter wieder krampflt worn. Sogar bei der mittleren vo de Drei Quelln isch längere Zeit a Schöpfgatza ghängt. Es hot ghoaßn, daß des Wasser bsunders gsund sei soll und guat für d` Augn, wenn ma de damit auswascht.

Für ins Kinder isch domois `s Wasser aber in a andern Weis wichtiger gwes.

De verschiedenen Gwässer, Gräbn, Bächlen und Weicher, de`s im Dorf gebn hot, ham wahrscheinli für insere körperliche und geistige Entwicklung a wichtige Rolln gspuit.

Wenn ma de Sach vo der Entwicklung her a`schaugt, muaß ma sagn, daß de erschte schöpferische Auseinandersetzung mit`n Wasser und seine Eigenschaftn scho a`gfanga hot, wenn ma grad einigermaßn loffa hot kinna. Weil der Aktionsradius in dem Alter no it recht weit groacht hot, isch ma halt auf d`Stroß naus ganga. Do muaß ma wiss`n, daß de Stroßn domois no richtige staubige Kiesweg gwes sen und it teert wia heint.

Wenn`s grengat hot, isch aus dem Staub a wunderscheaner, feiner Baaz worn, mit dem ma Dämm hot bau`n und Flüß und Bächlen a`legn hot kinna.

Es war ja des Baumaterial, der Baaz, alloa scho a Erlebnis. Des Gfui, wenn er sich, schea woach und doch leicht sandig, zwischn de Zeachn durchdruckt hot, des vergißt ma so schnoi nimmer.
Do müaßn oan de heintgn Kinder direkt leid toa, de des nimmer derlebn kinna. Aber de genga ja kaum mehr barfuaß und wo solltn s' denn no so an gscheana Stroßnbaaz findn, bei de neumodischn Stroßn.
Des müaßt ma übrigens wissenschaftlich untersucha, ob sich der Mangel it nochteilig auf de Persönlichkeitsentwicklung auswirkt.

In der Kindergartnzeit und de erschtn Schualjohr war nocha der Durchlaß unter der Stroß, beim Stoahauser, der richtige Platz für insere Wasserstudien. Do hot ma auf der oaner Seitn ebbas neischmeißn und wartn kinna, bis`s drent wieder rauskemma isch, oder ma hot ganz oafach pritschlt. Des Pritschln war bsunders schea, wenn sich noch an starkn Regn, vor `s Dedeles Haus a groaße Wasserlacha angsammlt hot. De Lacha isch oft so tiaf gwes, daß `s Wasser inseroan bis d`Knia naufganga und a deamoi sogar beim Dedele bei der Haustür neigloffa isch. De Dedelin hot de Pritschlerei vor ihrer Haustür gar it so gfreit und sie isch so oft so beas worn, daß s` glei mit der Mistgabl kemma isch. Bsunders granti war sie, wenn mir den Grabn vom Oberdorf her a Stuck hinter`s Grafs Haus angstaucht ham.
Der groaße Grand beim Glöckler isch vo de erschtn bis zua de letztn Schualjohr und no drüber naus, a Platz gwes, wo ma z`sammkemma isch und, je noch Alter, an gröaßern oder kleanern Blödsinn gmacht hot. Der isch ganga vo einander a`spritzn bis auf an Rand rumbalanciern und anander neischmeißn.
Mit de Weicher hot ma it recht vui a`fanga kinna. Zum Badn sen s` alle z`schlammig gwes und der beim Koch drauß sogar zum Schlittschuach-fahrn z`kloa. Do isch ma scho mit a paar Rutscher allwei wieder am Ufer drauß gwes. De zwoa Weicher auf der Hoad ham im Summer höchstens zum Stoaner-hupfa-lossn taugt, wenn ma scheane flache gfundn hot.
Im Winter isch `s Schliefern oder `s Schlittschuachern meistens bloß a kurze Zeit ganga, weil`s do allwei glei wieder `s Eis für de Wirts-Eiskeller rausto ham.

Hinter 's Eitzenbergers Haus isch amoi a Weicher gwes, aber zua dera Zeit war davo außer Schlamm bloß no a kloane Lacha übrig. Der kloane, vor der Werkstatt, war scho vo der Gröaß her höchstens zum Fröschefanga zum Braucha. Also des muaß ma sagn: Frösch hot`s zua dera Zeit haufaweis gebn in alle Weicher. De vo der Hoad sen mit ihrer Quakerei an manche scheane Summerobnd bei ins im ganzn Dorf zum Hearn gwes. Do ham sich natürli de andern, in de kloane Weicher und Lacha o it lumpn lossn.

Der Schlittbach isch für ins a bsunders Wasser gwes; sozusagn oans für Fortgeschrittene. Do hot ma richtige Dämm baun kinna und in de Gumpn isch `s Wasser oft so tiaf gwes, daß ma sich ganz hot neitunka kinna. Ja, und Fisch sen do drinn gwes, scheane groaße Forelln. Meistens sen s` unter groaße Stoaner oder unter dem ausgwaschana Uferrand drin gstandn und der Gagl, mei Spezl, hot öfter oane derwischt. Also, i ho oafach den richtign Griff nia recht rauskriagt. Allwei, wenn i gmoant ho, iatz hätt i oane, sen mir de rutschign Viecher wieder auskemma. Wia i amoi vom Bachrand kopfüber in a Gumpn neigfalln bi, weil sich so a Viech ganz hint unter dem Überhang versteckt ghet hot, isch mei Eifer für de Fischfangerei stark z`ruckganga. Do isch dazua kemma, daß i do mei Sunntagwand a`ghet ho. Natürli hot`s dahoam an saftign Landler gebn. Es hätt aber o nix gnutzt, wenn i an Fisch mit hoam brocht hätt, weil sich meine Leit aus Fisch nia vui gmacht ham. Mei, de Gschmäcker sen halt recht verschiedn.

Was i aber gar it versteah ka: Daß sich manche Leit so um Froschschenkl reißn. I wui mi do it weiter auslossn, aber meine Spezln und i hättn`s amoi probiert. A Woch lang ham mir a paar mit an Droht vom Dach aus in Kamin neighängt und schea gräuchert, wia ma`s halt mit a Schweinsschlegl o macht. Wia mir aber des dürre schwarze Zeig gsehng ham, des eher wia a a`brennter Droht ausgschaugt hot, isch ins der Appetit ganz und gar verganga und dabei hot`s ins it leicht vor ebbas graust.

Insere Quelln

A Quelln de hot in alter Zeit
scho allwei ebbas Guats bedeit`,
weil so a Wasser, frisch und klar
für `s Lebn halt noatwendi war.

A Quelln isch Anfang ohne End
weil `s Wasser halt koa Alter kennt
und allwei sprudlt nei und jung.
A Buid für Lebn, Freid und Schwung.

Steckt do it gar a bsundrer Sinn,
a Stuck vom Schöpferdenkn drinn
der allwei wieder nei beweist
de Wunderkraft von Gottes Geist.

Wenn iatza, wia bei ins do, glei
auf oan Fleck sprudln ihra drei
no derf ma sicher globn, daß des
a ganz a bsundrer Platz isch gwes.

Ob selbigsmoi da Tassilo
davo was gspürt hot, und a so
auf Kloastergründung kemma isch,
dessell, des woaß ma halt it gwiß.

Vielleicht hot dann dem Kloasterlebn
der Geist der Quelln an Schwung erscht gebn.
Auf jedn Fall war`n d`Brunna g`acht
drum ham s` a Haus no drüber macht.

Ma hot de Brunna, wia ma heart,
wia ebbas Heiligs schier verehrt
und sen no heint vom Dorf a Stuck
und in d`Vergangenheit a Bruck.

Es war, moan i, a guate Sach,
daß ma den Platz, des Haus und Dach
hot hergricht und trotz Widerständ
hot brocht iatz zua an guatn End.

So wünsch i, daß der guate Geist
vo insre Quelln an Weg ins weist
in a guats Lebn, Glück und Freid
für `s Dorf und Land, Natur und Leit.

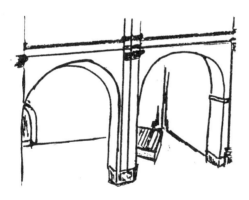

'S Dodla

Wenn bei ins a Kindla auf d`Welt kimmt, nocha gherart dazua, daß ma si rechtzeiti um an Taufpat oder a Taufpatin umschaugt.
Heintzutag schaugt ma do vielleicht a bissla mehra auf des wia de eigsomt sen, vo zwecks de Gschenker, de do hergenga, aber früahra hot ma aus der Verwandtschaft eher an bsunders rechtschaffana und guatn Mensch rausgsuacht. Schliaßli hot a Pat seinerzeit no wichtigere Aufgabn ghet wia heint.
Do hot bei ins der Pate o no Ded und de Patin Dodla ghoaßn. Wenn o bei an Büawla zua der Tauf, zwecks der Männlichkeit vo dem Täufling, a Ded hergheart hot, isch do no mehra an Ded sei Wei als Dodla für alls verantwortli gwes, was zua den Amt so gheart hot.
A Mannsbuid hot halt in dera Sach scho früahra it recht gwißt was si gheart und was der Brauch isch.
A Dodla isch o in der weiblichen Verwandtschaftslinie ziemli glei noch da Muatta kemma und des hoaßt ebbas. Sie hot helfa solln, daß aus dem Kindla mit der Zeit a rechter Mensch werd und hot a hi und do ebbas zum Aufziachn beigsteuert.
Amol ebbas zum A`lega oder was halt sunst grad noatwendi gwes isch. Wichti war do natürli, daß sie gwißt hot, zua welche Täg im Johr ebbas fällig gwes isch und was.
Im Früahjohr isch des a`ganga mit`n Oasterhas. Do isch der Brauch gwes, daß ma vo Dodla an Oarflada und 6 roate Oar kriagt hot. Do muaß ma wissn, daß früahra so ebbas Bachas aus Weißmehl no ebbas Bsunders gwes isch. An richtign Wert hot de Sach aber durch de Weibeerla kriagt. Wia mehra do drinn gwes sen, umso besser isch gwes. Später im Johr, auf Allerseelen zua, isch nocha da Seealazopf fällig worn. Den hot o der Bäck gmacht und isch vielleicht scho deswegn als ebbas Bsunders a`gschaugt worn.

Da Klosatag, es wia ma an Nikolaustag bei ins früahra o ghoaßn hot, isch für a gscheits Dodla a bsunders wichtiger Tag gwes und erscht

recht natürli für des Kind für des sie zuaständig
war. Der Bäck hot Hirscha und Klosamänndlen
bacha müaßn, de oan eigentli scho durch de Wei-
beerlen bsunders guat gschmeckt ham, wenn s` o a
deamois durchs Backaa weani a`brennt gwes sen.
Aber guat sen s` doch gwes.
Zum Klosatag hot`s aber it bloß ebbas zum Essn
gebn, wo ma scho vorher allwei gwißt hot was dra
isch, weil`s halt der Brauch vorgschriebn hot. Do
hot`s iatz no andre Sachn gebn. Ma hot gspannt sei
kinna, ob`s desmoi ebbas zum A`ziacha, an Stoff oder gar a Spuizeig
gibt. Des Scheanste an dera Sach isch aber gwes, daß 's Dodla de
Gschenker selber brocht, oder in `s Haus geschickt hot und ma it so
vui Schiß hot ham müaßn wia vor an Klos selber. Was der brocht hot,
es sen ja meistns bloß Nuss, Äpfl und Lebkuacha gwes, hot ma als klo-
ans Büawla oft hart verdiana müaßn, durch `s Bravsei und weil ma nia
recht gwißt hot, ob er oan it doch amoi mitnimmt.

Natürli sen de Gschenker von Dodla o it
ganz umasunst herganga. A bissla ebbas
hot ma scho o dafür toa müaßn.
Wia noch so an Schenktag grad Zeit
gwes isch, hot ma mit da Muatta beim
Dodla an Bsuach gmacht. A bessers

Gwändla a, vielleicht ebbas, was ma vo ihra kriagt hot und frisch kam-
plt und gschneuzt. „Und daß fei recht schea Gelts Gott sest," isch oan
do vo da Muatta allwei wieder eitrichtert worn. Ma hot aber doch
schliaßli selber scho gwißt auf was do a`kimmt. So hot ma halt beim
Gelts Gott sagn probiert, daß ma dreischaugt wia oans vo de dick-
backerten Engala in der Kurch, daß `s Dodla siecht, was ma für a bravs
Büawla isch.
Am Namenstag von Dodla isch ma natürli zum Gratulieren ganga, des
hot si scho gheart. Und grad do isch mi amoi ebbas saudumms pas-
siert. D`Muatta hot mir müahselig eiglernt, was i sagn muaß: „Wünsch
dir Glück zum Namenstag, a langs und gsunds Lebn und z`letzt an

51

Himmi." Obwohl si des gar it greimt hot, hätt i`s so scho ganz guat kinna, wenn mi meine Schwestern it allwei drausbrocht hättn mit ihrn saudumma Daherredn. So bi i halt mit der Muatta an an scheana Tag zum Dodla marschiert, ho auf`n Weg des Sprüchla a paarmoi vor mi higset und bi it oamoi drauskemma. Wia i`s nocha vor`n Dodla aufgset ho, isch z`erscht o ganz guat ganga, bis i schliaßli doch wieder in des neigrutscht bin, was mir meine Schwestern in ihra Boshaftigkeit eiglernt ham. Es hot si halt so besser greimt und so isch des Sprüachla so rauskemma: „Wünsch dir Glück zum Namenstag, a langs und a gsunds Lebn und... a Mark sollst ma gebn." `S Dodla hot zwar glacht und i ho o a Mark kriagt, aber `s nächste Johr ho i de Sprüachla doch liaba richti gset.

Da Hochzeitslader

A Hochzeit isch, so tat i moana
a Sach, de wo bei ins kaum oana
it wichtig nimmt und des ganz gwiß
scho gar it, wenn`s sei eigne isch.

Wenn do zwoa Leit si z`samma findn
und mitanand an Ehstand gründn
isch des a Grund, daß gfeiert werd
und no glei richti, wia`s gheart.

D`Verwandtschaft und de Freund wern gladn
wenn`s recht vui san, isch nia a Schadn
weil, erschtens schaugts so besser aus
und zwoatns springt a mehra raus.

Doch derf ma Gäst in solche Massn
gar nia si selber überlassn.
Da gibt`s na oft koa Ordnung mehr,
drum muaß a Hochzeitslader her.

Der deichselt so a Hochzeitsfeier
ob`s isch für`n Huaba oder Mayr.
Er kennt de Bräuch, woaß was si gheart
und wia ma mit de Leit verkehrt.

Er tuat de Gäst recht schea begrüaßn
und sagt eahna wann s` tanzn müaßn,
a daß ma ißt zur rechtn Zeit,
des alles isch von Wichtigkeit.

Des isch it gnua, er tuat no mehra:
ob Doktor oder Straßnkehra,
er woaß, was d`Leit für Schwächn ham
und setzt des schea in Verserl z`samm.

Wenn`s sei muaß, tuat er a no singa
und so de Leit in Stimmung bringa,
bis a der Letzte isch si gwiß,
daß des a scheane Hochzeit isch.

Ma siacht, des isch it leicht zu macha
mit Dichtn, Singa und so Sacha.
A so a Mo, der des vasteaht
isch heintzutag a Rarität.

`S Gunggln

Also, do ka oaner sagen was er wui: Wenn o de alt Zeit it allwei so guat gwes isch, wia`s oft hoaßt, gmüatlicher isch no zuaganga bei ins wia heint.
Kommunikationsproblemer, vo dene heint so vui gredt und gschriebn werd, hot ma do no it kennt und ma hot o no koane Gstudiertn braucht, de oan sagn, was ma in dera Zeit toa soll, wo ma grad nix zum toa hot.
Do hoaßt`s allwei, daß mit de Maschina d`Arwat vui schneller und leichter geaht, aber do spannt ma nix, daß iatzt d`Leit mehra Zeit für anander ham. Es schaugt eher aus, als ob`s anderscht rum wär.
Wo geaht ma denn heint no an Hoagartn? Ja, und vom Gunggln heart ma o schier überhaupt nix mehr.
Derwei isch grad `s Gunggln bei ins früahra a ganz bsundere Sach gwes.
Do muaß ma wissn, daß si der Hoagartn hauptsächli auf d`Nacht noch der Arwat abgspuit hot und ma do ohne bsundere Einladung in der Nochbarschaft ebbat z`sammakemma isch.
Zum Gunggln ham si oafach a paar Familien aus der Verwandtschaft oder näheren Bekanntschaft z`sammtoa und ma hot sich gegenseitig der Reih noch auf an Nachmittag eingladn. Wenn`s heint no sowas gebat, hoaßt ma`s vielleicht rotierendes Landfrauen-sitt-in, oder so ähnlich.
Weil ma si, in der Reih rum, jedsmoi in an andern Haus troffa hot, isch a Familie oamoi drakemma mit der Einladung und so hot`s koan z`weah do.
Daß i des recht sag: D`Mannsbuider ham bei dera Sach nix zum Suacha ghet. Do warn d`Weiber ganz unter si, höchstens bei de Kinder hot ma a Ausnahm gmacht. Bis zua an gwissn Alter hot ma halt no it als Mannsbuid goltn.
Durch des woaß i o no a bissla ebbas vo der Gungglerei.
Außer beim Harrer, wo mir ja verwandt gwes sen, isch d`Muatta no in

a etli andere Häuser eigladn worn. Des war beim Zitter, beim Fischer, beim Lipp auf der Hoad und bei der altn Lies.

Daß des grad bei dene war, muaß ebbas damit z`toa ghet ham, daß mei Vater mit dene Mannsbuider im Holz garwat hot.

A`gfangt hot `s Gunggln meistns so noch Dreikini.

Do hot d`Muatta a Stricksach eipackt, hot mi nomoi g`kamplt und gschneuzt und nocha sen ma glei noch Mittag furt.

Oft hot`s an Haufa Schnea ghet und isch saukalt gwes, aber mei, was tuat ma it alls für die gesellschaftlichn Verpflichtungen.

Na ja, heint ka i`s ja sagn: Für mi, als Mannsbuid (wenn o no a weani unterentwicklt) war de Gungglerei meistns a stinklangweilige Sach. Es isch grad no ganga, wenn im Haus o Kinder im rechtn Alter do gwes sen. Do ho i o nix dagegn ghet, wenns bloß Mällen warn. Ma hot auf de Weis wenigstns zeitweis a weani um `s Haus rum spuin kinna.

Oft isch do aber gar nix ganga und i ho leidn müaßn. Oder isch des am End koa Leidn für a Büawla: Unter an Haufa Weiber drin hocka und brav sei müaßn?

Des hot mir d`Muatta vorher scho allwei predigt: „Und daß fei schea brav bist, sunst hebt ma koa Ehr auf bei de Leit. Und tua di it volltrenzn." I moa allwei, die wolltn sich bloß beim Ratschn it drausbringa lossn.

Und wia s` gratscht ham. `S Strickn, Flickn und Spinna – Schofwoll spinna moan i – und sogar `s Essn isch alls nebenbei ganga:

– Ham s` iatz it beim Fistaböckla erscht wieder a Kuah weg toa müaßn. Beim Kälbern soll s` draufganga sei. – Was, gibts do a Schadnfleisch? – Na, da Metzger hot s` no gstocha und koft.

– Habt`s iatz do o ebbas gheart: der alt Dörrer soll so schlecht dra sei?

– Mei, er isch halt o nimmer der jünger.

– Der Preßsack is fei guat.

– Der Lorger soll iatz amoi wieder so an Rausch ghet ham, daß er it amoi mehr sei Haustür gfundn hot, wia er hoamkemma isch. Hot er doch beim Nochbar an d`Stalltür hipumpert und noch da Lies, sei Wei,

gschrien, daß s' eahm aufmacha soll. – Mei, mit so oan bist aufgricht. D'Lies hot scho a rechts Kreiz mit den Ma.
– D'Vogl Kreszenz muaß o a rechts Work ghet ham mit'n Josef. Kimmt er iatz amoi vo da Leich hoam, z'mibberst bei der Nacht, und mit an Sau-Rausch. Grad daß eahn halt nauf brocht hot über d'Stiag, in d'Kammer nei. Wia s' eahm nocha 's Gwand, des guat Gwand müaßts enk denka, ra to hot, was moants: Hot er doch in d'Hosn gschissa ghet. De ganz Montur hot s' wäscha müaßn.
– Do, nimm halt no a Stückla Zopf, Resl.
– Iatz so ebbas, da Josef sauft doch sunst it so. – Ja mei, bei a Leich, wißt's scho, do geaht's oft recht zua. Do derwischt oaner leicht amoi z'vui.
– Was i sagn wui: Isch iatz do ebbas dra, daß bei da Kalcha Mathuld ebbas los isch? – Ja, was du it sest, vo wem denn? – Mei, nix gwiß woaß ma do no it.
– Aber a Tass Kaffee magst scho no, Marie, oder?
So isch do zuaganga, stundnlang, bis's ghoaßn hot, daß ma iatz in Stall hoam muaß.
Was hätt i do de ganze Zeit anderscht toa solln, als schaugn, daß i möglichst vui vo de guatn Sachn, de's meistns zum Essn gebn hot, derwischt ho. Oft isch ja vor so a Einladung no gschlacht worn.
A so a hausgmachte Streichwurst oder a Stuck Preßsack isch zua dera Zeit no ebbas bsunders gwes, muaß ma wissn.
Sunst hot's halt meistns no an Zopf, an Guglhupf und a deamoi sogar an Gesundheitskuacha gebn. Zum Nochschwoabn isch nocha a hoaßer Most und a Kaffee do gwes.
Weil für mi ja sunst nix zum toa gwes isch, ho i halt g'essn und trunkn was grad herganga isch. Der Kaffee isch ja zua dera Zeit no it so gwes, daß ma Herzklopfn davo kriagt hätt. Bloß vom Most (wenn i oan derwischt ho) ho i oft so komische Hitzn im Gsicht kriagt.
Wenn ma nocha, wia sich's gheart hot, mit an kloana Erinnerungsgschenk (a Taß, a Tüachla oder sunst ebbas) hoamganga sen, d'Muatta und i, isch mir öfter so um an Bauch it ganz wohl gwes, aber schea war's grad deswegn für mi doch, de Gungglerei.

D`Viechschau

Heint isch was los in insra Gmoa
des muaß ma a`gschaugt ham.
Do bleibt koa gscheider Baur dahoa,
heint treibt ma`s Rindviech z`samm.

A Viechschau hoaßt ma sowas no,
Bua, was ma do alls siecht.
De scheanern Küah und Stier sen do
und o a Preisgericht.

De schaugn Stuck für Stuck so a
vo vorne und vo hint,
was an de arme Viecher dra
ma alls für Fehler findt.

De oa, de isch im Kreiz vui z`hoach
de oa hot z`weani Euter,
bei dera sen mehr d`Knochn z`woach
und so geahts allwei weiter.

Und Baura stenga umanand
und redn gscheit daher
a jeder moant `s liegt auf d`Hand,
des scheanste Stuck hot er.

Wia iatz des Preiskollegium
grad rumtanzt um a Kuah,
do macht de z`mol an Buckl krumm,
scheißt eahm was hi vor d`Schuah.

Tiafsinni steaht a Baur nebndra
in `s Schaugn ganz versenkt.
Er moant: a Kuah, wenn denkn ka,
no hot sich de was denkt.

`s Fescht

Noch Weihnachtn und Oastern isch `s „Fescht" so ziemli der wichtigste Feiertag bei ins im Dorf gwes.
In andere Ortschaftn hot ma meistns an bsundern Festtag zu Ehren vom Kirchenpatron, a „Kurchta" also, aber bei ins isch des anderscht. I woaß it, warum ma do it an Namenstag vom 1. Kurchapatron zum Feiern hergnomma hot. I hätt des oanstoals ganz gern ghet, weil des ja o mei Namenstag isch, aber auf der andern Seitn wär nocha vielleicht an der Kurchpatron-Feierei mei Namenstag ganz unterganga.
So isch halt allwei am erschtn Sunnta im August `s Fescht gfeiert worn. Es hot a ganze Weil dauert, bis i rauskriagt ho, daß des eigentli a Fescht vo der Bruaderschaft vo der „Mutter der schönen Liebe" isch. Wia ma woaß, hot de Bruaderschaft früahra an Haufn Mitglieder ghet und isch weit umanand bekannt gwes.
So vui i woaß, hot`s zu meiner Buamzeit gar nimmer bestandn, aber `s Fescht hot ma allwei no gfeiert.
Und wia ma do gfeiert hot, mei Liaber do isch zuaganga.
Schon am Tag davor ho i so a bißla an Vorgschmack vo dem Fescht kriagt, weil`s dahoam im ganzn Haus noch Zopf und Kuacha gschmeckt hot. Am Nachmittag ho i nocha mit`n Vater mitgeah derfn und zuaschaugn, wia er bei der Postwirtschaft de Kramerständ aufbaut hot.
De Bretta und Stanga dazua sen des ganze Johr unter der Veranda dringlegn und bloß für de 4 Ständ hergnomma worn, de ma vo der Wirtschaftsveranda am Weg entlang zum Böglmüller Haus aufbaut hot.
Der Daxin ihra Stand isch allwei nebn dem Stoa vom Wessobrunner Gebet gstandn.
De Ständ ham natürli recht nackat ausgschaugt, ohne Placha und ohne Sachn auf`n Tisch, aber mit a bißla Fantasie hot ma si scho vorstoin kinna, wia des ausschaugt, wenn do an Haufa Spuizeig und Schleckerein rumliegn und numhänga.
Am Festsunnta selber hot ma scho in der Früah, beim Gebetläutn

gspannt, daß des a bsundera Tag sei muaß. Unterm Läutn hot`s do a paarmoi g`kracht, daß i schier gmoant ho, es hätt a Wetta.
Des warn aber de Böller, de der Pfänder Peter am Gottsacker drobn abgschossn hot.
In der Kurch ham nebn insan Pfarrer und 4 Ministrantn no de zwoa Pater vom Guat drobn am Altar vorn mitdo und am Chor drobn war d`Musi so laut wia seltn unterm Johr. Nebn Orgl und a paar Geign sen do o no Trompetn, Posauna und andere Blechinstrumenter beteiligt gwes. Sogar mit a groaßn Tromml ham s` a deamois dazwischn gwummert und bei der Wandlung hot s` der Pfänder Peter wieder kracha lossn, seine Böller moan i.
I sag`s ja, es isch scho recht zuaganga beim Fescht.
Zum Essn auf Mittag sen dahoam a etli Leit mehra gwes wia sunst, weil a paar Vetter und Bäslen, wia`s der Brauch war, zum Fescht auf Bsuach kemma sen. Drum isch o in der guatn Stubn g`gessn worn, weil ma do mehra Platz ghet hot. Natürli isch do a bsunders guats Essn auftragn worn, scho, daß ma it ausgricht werd in der Verwandschaft.
Später hot`s nocha an Kaffee gebn, aber scho an bessern wia sunst. Do hot ma direkt a weani echte Bohnen rausgschmeckt. Dazua sen de Kuacha und Zöpf auf`n Tisch kemma, de an de Täg zuvor backa worn sen. D`Mannsbuider ham do a Bier kriagt.
Zur Verdauung sen de Gäst nocha a weani rumganga und ham sich für alls im Haus, Stall und Gortla interessiert. Es isch ja it, daß sie neugierig gwes wärn, na,na, sie wolltn bloß schaugn, wia guat `s Sach do beinand isch.
Wia`s nocha langsam auf de Zeit zuaganga isch, wo de Vetter und Bäslen mit ihre Radlen ham hoamfahrn müaßn, daß s` rechtzeitig zum Stall kemma sen, isch no a kloane Brotzeit mit Streichwurst, Preßsack und Käs aufdeckt worn. A paar vo de Mannsbuider hot`s aber it so arg pressiert mit`n Hoamfahrn. Sie sen liaber auf d`Post in d`Wirtschaft ganga und oaner vo dene, i woaß nimmer wer des war, hot mir a Fuchzgerla gschenkt. Des muaß ma si vorstoin: a ganz Fuchzgerla! Domois war des für mi a Haufa Goid, bsunders weil i do no koa Pfarrkurch-Ministrant und Selbstverdeaner gwes bin.

61

Reich wia i do war mit mein Fuchzgerla, bin i an de Kramerständ auf- und abmarschiert und ho gschaugt, was i mir für mei Vermögn alls koffa hätt kenna. Ebbas Süaß zum Schlecka wär it verkehrt gwes, aber i ho mir denkt, wia schnoi des g'gessn isch und daß nocha nix mehr host davo. Mei Goid hätt o für a Stopslrevolver und a paar Stopsln dazua glangt. Mei de Kracherei wär scho recht lustig gwes, aber was nocha, wenn de Stopsln verschossn sen und koa Goid mehr host, daß wieder oa koffa kunnst?

Na, de Sach isch gar it so oafach gwes für mi, des hot scho guat über- legn braucha, wia mei Kapital am bestn hot a'glegt wern kinna. A paar- moi ho i mir des Zeig an de oanzelne Ständ no genau a'gschaugt und ho rumgrechnt, wia i für mei Goid möglichst vui und möglichst guate Sachn kriagn kunnt.

Was i schliaßli kofft ho, des war a Apparat, wo ma so a Art Propeller obn drauf so schnoi zum Drehn brocht hot, daß er a Stück in d'Luft gstiegn isch.

Außerdem war do no so a Röhrla aus schea gscheckatn Papier, des nor- mal wia a Spiraln aufgringlt war, aber wenn ma neiblost hot, isch de Spiraln mit an Ruck in d'Läng gstreckt worn und es hot dabei no an krähetn Tuterer to.

Weil dann no a Goid übrig war, ho i mir no zwoa Tütn Wafflbruch gleist. Also, do ka ma do it sagn, daß des it guat und überlegt eikofft gwes isch.

Was ho denn i dafür kenna, daß der Propeller auf oamoi so hoach gflocha und in de Äst vo der untern vo de drei Lindn hängabliabn isch? Ma hot ja o it voraus seachn kinna, daß de Blos-Spiraln so a Glump isch und sich bald nimmer aufgringlt, wenn ma a zeitlang blost hot, sondern bloß no wia a nasser Fetzn Papier dohängt.

Der Wafflbruch, der hot auf jedn Fall guat gschmeckt, aber wia des halt mit Essenssachn so isch, es war bald nix mehr do davo.

Na, Profit ho i grad koan ghet bei dera Sach, aber schea isch doch gwes, daß i mit an ganzn Fuchzgerla auf 's Fescht ho geah kinna.

Da Liasn Hansl
Johann Baptist Zimmermann

Im sellen Winter, noch Neujahr
wo`s Schnea hot ghet grad gnua
ham d`Leit einander gfrogt: „Is wohr,
beim Lias do ham s` an Bua?"

Da Lias , der war weit um bekannt
als Maurer, Zimmerma.
Er hot o zoagt mit gschickter Hand
als Gipser was er ka.

A Sach, a kloans ham s` ghet beim Lias
bloß Goaßn, Henna, Säu,
a Gortla no für Gwürz und Gmüas
und garwat hot`s sei Wei.

Do wachst der Kloane iatzt mit auf,
da Hansl, wia ma`n hoaßt.
Er isch guat grotn und `s Johr drauf
scho umanander groaßt.

Schea langsam hot er so entdeckt
sei scheane kloane Welt.
Im Fruahjohrswind de Blüatn gschmeckt
und sich in Regn naus gstoit.

Im Summer dann im Gras drinn ghockt
wenn d`Muatta drauß hot gmäht.
Hot Gräslen zupft und Blüamlen brockt
und war dabei ganz steed.

Am Grabn drunt hot er oft gspuit
hot bazlt mit`n Loam,
hot Hosnsäck voll Stoaner gfuit
und gschimpft kriagt no dohoam.

An Herbst hot er am liabstn mögn
wegn seiner Farbenpracht.
Beim Nussnklaubn im Laub drin glegn
hot er alls gnau betracht.

Da Frost wenn dann an d`Fensterscheibn
hot Bluama gmolt aus Eis
tuat `s Büawla d`Forma nochischreibn
mit`n Fingerl und vui Fleiß.

Der Kloa, der isch a Künstler worn,
a groaßa no dazua.
Vielleicht, weil er grad do geborn,
vui Scheans hot gsehng als Bua.

A Hund war er scho

Wenn ma in der Unterhaltung über früahra auf oan kimmt, der oan bsunders guat im Gedächtnis bliebn isch, nocha isch oft glei de Erklärung für de deutliche Erinnerung zum Hearn:
„Mei, a Hund war er scho, der Dings ..."
Des isch des Scheane in insera Sproch, daß oft bloß durch d`Betonung a Wort erscht sei bstimmte Bedeutung kriagt.
Wie vui verschiedene „Hund" es doch gibt bei ins.
Des gheat a ganz drunt beim Dreckhund, ohne Zweifl a echts Schimpfwort, über`n „Sauhund" der durch entsprechende Mimik oder Betonung a weani negativer oder positiver gmacht werden ka, bis zu de vuin „oafachn Hund"(blöde, krumme feine), und schliaßli zu dene, wo hauptsächli bloß no Bewunderung drinsteckt – de bsundere Hund.
Leit, de auf de Weis geehrt wern, ham meistens ebbas an sich ghet, was it unbedingt allgemein üblich gwes isch. Vielleicht ham s` oft grad des gewisse Unsichtbare hinter de Ohrn ghet, des manchmoi faustdick vorhandn sein soll.
Des wär nocha wenigstens oa Rassekennzeichn für diese Art vo Hund. (Wenn ma`s sehng tät).
I möcht aber iatz it weiter über de verschiedenen Rasse und Arten redn.
I bin bloß drauf kemma, weil mir oaner eigfalln isch, vo dem ma gwiß behauptn ka." Mei, a Hund war er scho.."
I moan an Häuslaschuaster Hans.–
Der hot zua seine Lebzeitn allwei wieder dafür gsorgt, daß d`Leit im Dorf ebbas zum Redn und oft o ebbas zum Lacha ghet ham.
Er selber hot des „Häusla" in sein Nama gar it gern gheart, aber losbrocht hot er`s nimmer. Es soll doher kemma sei, daß ganz zua Anfang sei Haus tatsächli bloß halb so broat wia a normales gwesn sei soll. (Unguate Leit ham gar vo an Starnhäusl gredt)
Es hot nix gnutzt, daß er bald größer baut hot, des „Häusla" im Nama isch eahm bliebn.
Nebn seiner kloana Landwirtschaft isch der Schuaster no oaner vo dene Handwerker gwes, de auf d`Stear ganga sen.

Wenn in an Haushalt wieder a etli Paar Schuach z'sammkemma sen, mit durchglatschte Sohln, schiafe Absätz oder sonstige Schädn, nocha isch der Schuaster auf Bestellung ins Haus kemma und hot s' wieder z'sammgricht.
Ma tät iatz aber seinem Handwerksgschick unrecht, wenn ma eahn bloß an Flickschuaster ghoaßn hätt. Er hätt sogar ganz neie Schuach o macha kinna, aber zua dera Zeit isch des it so oft vürkemmma, weil neie Schuach schier a Luxus warn.
So isch er halt auf d' Stear bloß mit Sohlnaufdoppln, Absätz richtn und Fleck aufsetzn beschäftigt gwes.

Des hot er o selbigsmoi bei de Wegmacher Jungfern o scho den ganzn Tag to und hätt gern Feierabend gmacht. Es isch scho langsam dämmrig worn und 's Liacht zum Arwatn nimmer des best am Fenster vorn. Daß dem Schuaster sei Arbeitseifer nimmer der gröaßte war, hot ma verstehn kinna, wenn ma gwißt hot, daß bei Wegmachers beim Essn und der Brotzeit allwei ziemli sparsam zuaganga isch.
Ja und Bier hot der guate Schuaster den ganzn Tag it amoi vo der Weit oans zum Sehng kriagt. A Mulli hättn eahm de Weiber hingstellt, a Mulli! Gegn den Durst! So wollt er halt 's Z'sammpackn a'fanga und hot sich scho gfreit auf a frische Halbe beim Wirt drent, do bringt doch d' Zenzl no an Arm voll Schuach und a Petroleumlampn daher. Feinfühlig, wia der Schuaster halt amoi gwes isch, hot er's it übers Herz brocht alls hiz'schmeißn und hot sich wieder auf sei Hocker ghockt. Aber wie eahm die Jungfer Zenz den Buckl zugedreht hot, isch a Stück Sohlnleder mit an Platschera ins Wasserschaffl gfalln, daß es grad so gspritzt hot. Pätsch hot's toa und der Lampenzylinder war in Scherben.
„Glump vareckts", hot der Schuaster g'brummelt, aber es war it gwiß, ob er den kaputten Zylinder gmoant hot. Ein Glump muaß aber auf jeden Fall o der nächste Zylinder gwes sei, denn der hot o it vui mehra ausghaltn.

It vui besser isch es später mit'n drittn, dem letzn ganga, den s' beim Wegmacher im Haus no auftriebn ham.

De Schuaster hot zwar bedauert, daß er nimmer weiter arwatn hot kinna und daß de neie Lampn nimmmer des sen wia früahra, aber kurze Zeit drauf isch er in der Wirtschaft drent vor seinem Bier ghockt und hot drüber philosophiert wia oan a Wasser dazua verhelfn ka, daß ma zua an Bier kimmt.

A anders Moi isch er beim untern Wirt auf der Stear gwes. Im kloana Nebnzimmer drauß hot er sei Werkstatt aufbaut ghet und es isch ganz guat vorwärts ganga mit der Arwat.

Bloß isch halt d'Zeit verganga und d'Zeit verganga, der halberte Vormittag isch scho rum gwes und vo a Brotzeit hot allwei no nix hergschaugt. Iatz hätt's ja sei kinna, daß de Wirtsleit den Schuaster do im Nebnzimmer hint oafach vergessn ham, aber de Wirtin isch auf der andern Seitn o bekannt gwes als a weani knickert, wo's ganga isch. A weniger sensibler Mensch wär do vielleicht oafach in d'Kuch naus ganga und hätt noch der Brotzeit gfrogt, aber des war dem langa Schuaster sei Art durchaus it. Der war allwei für diskrete Andeutungen, so mehra „durch die Blume" sozusagn.

Was hot er also do? Er reißt im Nebnzimmer a Fenster zum Nochbar num auf und schreit so laut er ka: „Was moanst? Ha? I versteh di so schlecht! Wia? Aha iatza! A so moanst. Na, bis iatz no it."

De Schreierei hot der Wirt gheart und isch derwei bei der Tür reinkemma. „Was schreist denn a so umanand, do beim Fenster naus", hot er gfrogt.

Darauf der Schuaster. „Na, es isch eigentli nix bsunders. Der Nochbar drent hot mi bloß gfrogt, ob i scho a Brotzeit kriagt ho."

Ja, so war er, der Schuaster und hot er scho koa Bluama ghet, hot er seine diskretn Andeutungen wenigstens durchs Fenster gmacht.

Oa Schwäche hot er ghet: Wenn's ebbat um a Wett ganga isch, isch er schnoi dabeigwes.

So sen amoi an an saukaltn Wintertag a etli Baurn, a Viechhändler und der Häuslaschuaster auf der Post beianandghockt. Natürli hot ma o über den Haufa Schnea gredt und de Kältn und wia oan de zuasetzt. Der Viechhändler, i moa er war vom Schwäbischn rei, hot rechte

Sprüch grissn, daß de Baurn verhätschlt sen und nix mehr aushaltn, weil s` im ganzn Winter nimmer hinterm Ofen vürkemma. Eahm tät de Kältn überhaupt nix ausmacha, grad recht wär`s eahm a so.
Der Schuaster hot fleißig dagegn gredt und den andern allwei mehra aufgstichlt. Schliaßli hot der Viechhändler mit`n Schuaster gwett um 5 Maß Bier, daß er`s länger barfuaß im Schnea drauß aushalt. Eigschlagn isch worn und scho ham sich de Zwoa Schuach und Sockn auszogn und sen naus in den kaltn Schnea.
De Andern ham vo der Tür aus zuagschaugt.
„Iatz wern ma's ja sehng," hot der Viechhändler grinst.
Dem Schuaster isch no nimmer recht wohl gwes bei der Sach, wia eahm de Kältn allwei mehra durch Haut und Knochn zogn isch. Wia er aber gseachn hot, daß der ander a allwei glasiger dreischaugt, hot er si nomoi überwundn und isch steahbliebn. Schliaßli aber, wia er scho gmoant hot es müaßtn eahm glei d`Zeachn wegfalln, hot er in letzter Verzweiflung d`Joppn ausgzogn und gschrien: „So, iatz werd`s mir erscht richti warm." Do hot der ander aufgebn.
Wenn ma it an Schuaster seine leicht a`gfrorna Zeachn denkt, sen de 5 Maß Bier eigentli no billig herganga. Psychologisch hot er den Sprüchemacher halt fertiggmacht, rein psychologisch.
Ja, a Hund war er scho, der Häuslaschuaster!

Da Gorga Nazi

Es isch scho wohr, da Gorga Nazi
des war a ganz auskochter Bazi.
Sei Wei, de Afra, hot`s it leicht
der Nazi mog`s halt zu gern feicht.

Er tuat recht oft im Wirtshaus hocka
sie sitzt dahoam und tuat no bocka
und schimpft und wettert auf`n Ma
der wieder gar it hoamgeah ka.

In oaner Nacht, so um halb drei rum
werd ihr de Warterei no doch z`dumm.
Sie hot am End iatz endli gnua
und sperrt ganz oafach d`Haustür zua.

A guats Weil später isch er kemma
tuat si mit Gwalt an d`Haustür stemma.
Do rührt si nix, sie geaht it auf.
 „Afra", schreit er zum Fenster nauf.

Doch de schliaft weiter unter Deckn.
Sie macht it auf, it ums vareckn.
Drauß werd da Nazi langsam wuid
Er lamentiert und schimpft und bruit.

 „I sag das, Afra, mach`s it schlimmer
lang, loß dir`s gsagt sei, mach i`s nimmer.
Wenn mi it neiloßt, spring i fei,
glei pfeilgrad do in Brunna nei."

Glei drauf a Pflatscher – sie hot`s grissn
und mit an Aufschroa `s Bettuach gschmissn,
roast glei im Hemad, sunst nix um,
so schnoi wia s` ka zum Nochbar rum.

Den siecht ma bald drauf zuawi schnaufa
mi Strick und Soal, an ganza Haufa.
No leicht er in den Brunna nei
Do drin soll ja der Nazi sei.

Doch was sie sehng im Wasser drinna:
A groaßer Hackstock tuat do schwimma.
Da Nazi isch scho lang im Haus
schaugt hoamli drobn beim Fenster naus.

Da Nochbar isch drauf wieder ganga
und d` Afra hot a groaß Verlanga
nach ihrem Bett, doch iatz isch aus,
sie kimmt it nei mehr in ihr Haus.

Sie schreit zum Fenster nauf:" Du Hamml
machst it glei auf, du gscherter Ramml."
Vo drobn kimmt`s z`ruck:" Wer isch denn drunt
und weckt mi auf und Nochbars Hund?"

„ I bin`s dei Wei, werst mi doch kenna."
Drauf er vo drobn:" Do tuast di brenna,
mei Wei isch bei da Nacht dahoa,
de loft it umanand alloa.

I möcht iatz endli do mei Ruah."
No macht er oafach `s Fenster zua.
Umsunst hot d` Afra gschimpft und pflennt,
hot gschlofa no beim Nochbar drent.

Da Stier und da Schmied

Vor etli Johr bei ins da Schlemma Jackl
hot ghabt an Stier, des war a Lackl
wia ma it leicht oan nomoi siecht.
Den hot er gar zum Ziachn griecht.

Do war`s natürli bsunders wichti,
daß mit`n Fuaßwerk war all`s richti.
Drum geht da Jackl mit`n Stier
zum Schmied, der isch ja do dafür.

Do teans des Viech an Stand neihänga.
Zwoa Bau`rn, de umanander stenga
de holn s` zum Aufhebn no dazua,
weil bei dem Stier san s` it leicht gnua.

A zeitlang isch des ganz guat ganga,
mit Messer, Raspl und da Zanga
hot da lang Schmied de Kloa schea putzt.
Z`mol hot der Stier mi`n Haxn gschutzt.

De wo`n ghebt ham, fliagn in d` Eckn
si san ganz blaß vor lauter Schreckn,
weil iatz da Stier mit sein Mordsgewicht
so umhaut, daß der Stand z`sammbricht.

Bei solche wuidn Urgewaltn
ka a koa Kettn nix mehr haltn.
Des Viech, ganz narrisch scho dawei
reißt `s a no z`samm und isch no frei

Da Jackl und de andern renna
naus bei da Tür als täts drinn brenna
und heben fest von draußn zua,
blos für`n Schmied war d`Zeit it gnua.

Eahm hot da Stier an Weg abgschnittn
er kimmt it naus mehr aus da Schmiedn.
Des Viech des schmeißt all`s durchanand
und treibt den Schmied z`ruck gegn d`Wand.

In höachster Noat, koa Zeit zum Betn,
ka er si no auf `s Schmiedfeir rettn.
Doch in da Hitz halt er`s it aus
drum zwängt er si durch d` Essn naus.

Wia er drom rauskimmt, schwarz und drecki
do schreit er: „Helfts Leit, sunst varreck i!"
De alte Voglin, a guats Wei,
geaht drunt grad auf da Straß vorbei.

De heart`s, schaugt nauf und hot koan Zweifi
der wo do drom hockt, isch da Teifi.
Schnell macht si `s Kreiz und rennt no scho
so gschwind wia`s geaht auf und davo.

An Stier, den hot ma wieder gfanga
und o an Schmied isch ganz guat ganga.
Bloß d`Voglin, de behaupt no allwei gwiß,
daß des da Teifi gwesn isch.

D`Stearhandworker

So bis in de dreißger Johr nei hot`s bei ins no Handworker gebn, de auf d`Stear ganga sen. Des hoaßt, sie sen zua de Leit ins Haus kemma, wenn ma s` bstoit hot, und ham do alte Sachn gflickt oder neie gmacht. Do war amoi d`Lena, a Näherin. Sie hot beim Burgamoaster Orterer im Pfreandhäusla gwohnt und deswegn hot ma sie o manchmoi Burgermoaster Lena ghoaßen. Ihrn Schreibnama, Walter, ham vui Leit gar it kennt.

D`Lena hat ma kemma lossn, wenn d`Weiberleit a nei`s Gwand oder an Schurz braucht ham. Sie hot aber o ältere Sachn umarwatn kinna, daß sie schier wia nei ausgschaugt ham. Zua dera Zeit hot ma sich ja it jeds Johr ebbas Neies leistn kinna.

Do muaß ma wissn, daß d`Lena it bloß so a oafache Näherin gwes isch. De hot sich fei mit der Mode auskennt. Wenn sie zua ins auf d`Stear kemma isch, hot s` allwei solchene Hefter mitgrocht, wo ma des Gwändersach auf Buidlen hot a`schaugn kinna. Meine Schwestern, de domois so auf de Zwanzger zuaganga sen, ham meistens a ganza Weil braucht, bis sie gwißt ham, was für a Gwand für sie des richtige sei kunnt. Do isch in de Hefter umanader blättlt und gredt und

gredt worn: „Moanst it, daß mir des ganz guat steah tät?" oder: „Do schaug, des wär vielleicht o it schlecht."
Wia d`Lena ausnahmsweis amoi in Herrenmode garwat und mir mei erschte Hosn gmacht hot, isch des vui oafacher ganga. I ho mi do ganz auf d`Lena verlossn. De hot ganz genau gwißt, was für a Mannsbuid mit a zwoa, drei Johr modern und, was no wichtiger gwes isch, praktisch war.
In de Modesachn ho i mi it eigmischt und `s Zuaschaugn bei der Näherei isch mir o bald langweilig worn.
Ebbas anders war`s, wenn der Wartelstoaner auf d`Stear kemma isch. Der Wartelstoaner war a Schneider und er isch zua ins kemma, wia mei Vater amoi an neien Anzug kriagt hot.
De Wartelstoaners ham früahra bei ins in der Nochbarschaft, im Hahnaschneiderhaus gwohnt und sen nocha auf d`Hoad naufzogn. Des Haus isch später a`brocha worn.
Also, des mit`n Wartelstoaner war a so: Der hot sich bei ins in der guatn Stubn oafach auf`n Tisch naufghockt, was ma mi nia lossn hot. Do isch er an ganzn Tag mit verschränkte Haxn ghockt und hot gnäht. Und wia des ganga isch: Ma isch schier mit`n Schaugn nimmer mitkemma bei de oanzelnen Stich. Nebnbei hot er verzoit, wo er auf der Walz überall rumkemma und was er do alls gseachn und derlebt hot. Do hätt i stundnlang zuahorchn kinna. I woaß bloß no, daß er o ebbat do drunt z`Ungarn gwes isch.
Außerdem hot der Wartelstoaner vui gwißt über Obstbäum, Sträucher und Bluama. Bei sein Haus auf der Hoad hot er im Gortla vui seltene Pflanzn, scheane Roasn und andere Bluama ghet.
Vo mir aus hätt er öfters zum Schneidern kemma kinna, aber so a Anzug für`n Vater hot scho länger herhaltn müaßn wie a paar Johr. Mit neie Sunntaschuach isch des it vui andarscht gwes. Amoi woaß i, daß der Häuslaschuaster, der sunst bei ins auf der Stear hauptsächli de altn Schuach flicka hot müaßn, für`n Vater a Paar neie gmacht hot. Der Häusleschuaster hot ja eigentli Johann Finsterwalder ghoaßn, aber im Dorf hot eahn koaner so a`gredt.
Wenn er zua ins kemma isch, hot er aus an Rucksack an Dreifuaß und sei anders Werkzeig auspackt und sich bei an Fenster in der Stubn zum

Arwatn eigricht. Des isch fei interessant gwes, wia er de Schäft über an Loast zogn und nocha de Sohln mit Holznägl dra festgmacht hot. De Sunntaschuach, de domois modern gwes sen, ham ja hoache Schäft bis über d`Knöchl nauf ghet und sen gschnürt gwes.
Wenn er ebbas gnäht hot, isch so a Art Spagat mit Pech eigriebn und übern Knia z`sammgwuzlt worn. An de Endn sen Sauboarstn dra gwes, daß der Spagat leichter in de Löcher zum Eifädln gwes isch. De Schuasterei hot mi scho recht interessiert und i wollt natürli scho alls ganz genau seachn. Amoi hot mir der Schuaster a Stuck Sohlnleder, des er z` erscht ins Wasser tunkt ghet hot, in d`Hand druckt und hot gset:
„Do, Büawla, des muaßt iatz ganz fest hebn, bis`s woach isch." Do bi i mir scho recht wichti vürkimma. Erscht mit der Zeit, wia i gspannt ho, daß des Leder koa bißla woacher werd und meine Schwestern so unverschämt grinst ham, isch mir kemma, daß der Häusleschuaster wieder amoi oan vo seine Gschpassetln gmacht hot. Er isch ja bekannt gwes als oaner, der de Leit gern aufzickt und zum Narrn ghaltn hot. Des Schuastern muaß übrigens a ziemlich durstige Sach gwes sei, weil der Häusleschuaster bei ins allwei etliche Krüag Most dazua braucht hot.
Meistens so ums Früahjohr rum isch o der Sattler zua ins auf d`Stear kemma. Des war der Früholz von der Hoad. Do sen de Leiber vo de Kummeter für d`Küah, de bei ins o eigspannt worn sen, oder der Ochsschub frisch aufpolstert worn. Meistens hot o `s Lederzeig richtn braucha und neie Zugsträng sen zum Eiziachn gwes. Schliaßli isch des ganze Lederzeig frisch schwarz a`gstricha worn. Do ham de Gschirrer wieder recht guat ausgschaugt. Bloß vo de Finger isch de Schwärz nimmer so leicht zum Wegbringa gwes. Des ho i gspannt, wia i amoi so a Ledertrum a`glangt ho. Der Sattler hot aber it bloß Gschirrer für Roß, Ochsn und Küah macha und flicka kinna. So ab und zua isch o amoi a Matratzn zum Aufrichtn gwes. Zua dera Zeit hot`s ja no lang it so vui Polstermöbl in de Häuser gebn wia heint. Vui Better ham do no bloß an Stroahsack ghet.
Daß ma mit der Sattlerei o it reich hot wern kinna, zoagt a Rechnung vom Johann Früholz vo 1935.

Do hoaßt`s:

1 Tag Störarbeit zu zweien	5,50 RM

An Auslagen gebraucht:

1 Pfund Leder	2,30 RM
1 Pfund Roßhaar	2,00 RM
Ringschnallen, Schwärze, Nähspagat	80 Pfg
2 Zugsträng	2,00 RM
2 Argetan Kunstschilder	6,50 RM

Bei de Kunstschilder hot sich`s um so a Art Namensschilder aus Messing ghandelt, de an de Kummeter a`gmacht worn sen.
Wahrscheinli werd bei de andern Stearhandworker it recht vui mehra verdeant gwes sei.
Do frogt ma sich heint, wia de ham davo lebn kinna, o wenn sie no a kloane Landwirtschaft dazua ghet ham.
Es hot sich scho allerhand g`ändert seit dera Zeit.

D`Roasele Kathl

Des muaß ma sagn, d`Kathl isch it bloß irgend ebber gwes bei ins im Dorf und sie isch heint no wert, daß ma über sie redt. Denkmal hot ma ihra zwar koans gsetzt, aber ganz vergessn isch sie o no it z`Wessobrunn.

Schaugt ma am Friedhof drobn gnauer umanand, nocha ka ma an dem Gerätehäusla a Tafl findn mit der Aufschrift:

Hier ruhen in Gott
Jungfrau Katharina Buchner
Landwirtin und Wohltäterin für Kirche und Gemeinde
dahier gestorben am 1.Januar 1927 im 71. Lebensjahr.

Drunter sen no aufgführt ihra Bruader, der Gregor, der scho 1879 mit 26 Johr gstorbn isch, und de Eltern vo dene zwoa, der Vater, gstorbn 1889 mit 85 Johr und d`Muatta 1898 mit 73.

Ja, de Landwirtin und Wohltäterin Katharina Buchner, des war d`Roasele Kathl.

I bin no a ganz kloans Büawla gwes, wia i s` kennaglernt ho, do war sie scho a alts Weibla.

So woaß i natürli it, wia sie früahra ausgschaugt hot, d`Kathl. Vielleicht isch sie gar a Dorfschönheit gwes, do z`Wessobrunn. Gheirat hot sie aber it. Am End war s` a weani hoakli und der Richti isch halt it kemma. De Roaseles ham a Sächle ghet im Oberdorf drobn, mit a etli Küah und a paar Ochsn. Arwat hot`s natürli gnua gebn, aber es isch scho umadum ganga. Do a Bruada isch gstorbn, wia d`Kathl grad 23 Johr alt gwes isch und da Vata a lo Johr später.

Ja und nocha ham s` d`Muatta nauftragn an Gottsacker und Kathl isch alloa dogstandn. Do hat s` halt no an Haufa Arwat mehra ghet, aber sie hot it auslossn.

Nochbarn und bsunders der alte Hutter ham ihra im Heu a weani gholfen und so isch allwei wieder umganga.

Wia gset, zua meiner Zeit isch sie scho a alts Weibla gwes, d`Kathl. Küah sen blos no a 2 a 3 im Stall gstandn, aber an foastn Ochs hot s` allwei no ghet.

Auf da Kathl ihre Ochsn sen ja d`Viechhändler und d`Metzger ganz wuid gwes, weil de bsunders guat beinand und fleischi gwes sen. Des war o koa Wunder, weil d`Kathl koa Mulli abgliefert, sondern selber buttert und de abblosene Muilli ihre Viecher gfüattert hot.
Ma muaß sich heint wundern, wia de vo de Einnahmen vo de paar Kälbln im Johr, amoi wieder an Ochs und vo den bißla Butter hot lebn kinna.
Sie hot aber o ganz oafach glebt und it vui braucht.
In der Kuch isch no a offner Kamin gwes, mit an Kessl überm Feuer und weil`s do öfter ganz schea graucht hot, ham Deckn und Wänd a Farb ghet, wia a guats Bauerngselchts.
In der Stubn hot s` zwar an Kachlofn ghet, aber der isch kaum ghoazt worn. Wer hätt den o neigeah solln in de guate Stubn?
Drauß, glei vor`m Haus, isch a Brunna gwes, wo ma `s Wasser mit an Eimer hot raufziachn müaßn. Aber zua meiner Zeit hot`s im Haus o scho a Wasserleitung gebn.

D`Kathl selber, wia i sie kennt ho, isch a eher magers Weibla gwes, mit strähnige Hoor und an kloana Nestla, an Dutt, hint drauf. Böse Leit ham gset sie hätt Zottln, wia d`Küah an de Schwänz und so z`sammpappt, daß sie si nia mehr kampln braucht.
Ma derf aber it alles globn, was d`Leit sagn.
Im Gsicht hot sie allwei a gsunde guate Farb ghet, schier wia de Deckn und d`Wänd in ihra Kuch, und ihre Händ ham ausgschaugt wia Rindn vo a uraltn Fichtn.
Was sie für a Gwand a`ghet hot, auf des ho i weaniger aufpaßt. I woaß bloß, daß sie a anders a`zogn hot, wenn s` in Kurch ganga isch.
Bsunders feierlich isch bei der Kathl allwei so um Pfingstn rum zuaganga. Do sen am Staketn-Gartnzaun so a 13-14 grauweiß wirkene Fah-

nen aufghängt gwes. I ho ja it gwißt, was des bedeutn soll, aber d`Leit ham gset:
"Aha, d`Kathl hot wieder ihrn Jahres-Waschtag ghet und ihre 12 Hemader und ihra Bettziach gwescha."
Des war mir aber ganz wurscht. Mir sen vui wichtiger de Nussn gwes, de i vo ihra kriagt ho, wenn s` grad guat aufglegt gwes isch.
Ja, und no ebbas hot`s a deamoi gebn: Weintraubn!
An der Südseitn vo ihrem Haus sen echte Weintraubn an an Spalier gwachsen. Groaß warn s` grad it, aber meistns süaß.
Jo, i bin eigentli meistens scho ganz guat auskemma mit ihra, so lang sie glebt hot. Amoi war`s aber nocha so weit: Kathl isch krank worn und nimmer aufkemma. Meine Leit, hauptsächli mei Muatta und meine Schwestern, ham mit andere Nochbarn ausgholfen und ham s` pflegt, so guat`s ganga isch. Wia`s nocha langsam dahi ganga isch mit ihra, sen mei Muatta und no a paar Leit aus der Nochbarschaft nebn ihrem Bett in der Kammer drobn ghockt. Es isch recht kalt gwes und so ham s` gmoant, ob sie it liaber drunt in der Stubn liegn möcht, weil ma do eihoazn kunnt. Do hot d`Kathl bloß brummlt:" Es werd es no gar derhockn kinna do herobn".
Bald drauf isch sie gstorbn.
Aufbahrt hot ma sie nocha in der Stubn drunt in ihrem Bett, z`erscht aber sauber gwaschn und kamplt.
Weil`s aber no an Haufa zum Putzn und Richtn gebn hot, sen meine Leit auf d`Nacht no amoi ausgruckt mit Schrubber und Besn.
Alloa ho i mi it dahoam sei traun und no ham s` mi o mitgnomma. Do ham s` mi in der Stubn in a Eck neighockt, wo grad im andern Eck de

toate Kathl im Bett glegn isch. Danebn sen zwoa brennate Kerzn gstandn und der flackernde Schei isch über ihra Gsicht tanzt. I ho nimmer wegschaugn kinna.
A weani fremd isch sie mir vürkemma, vielleicht, weil ihra Gsicht so blaß gwes isch und d`Hoor so sauber kamplt. Und do, ganz deutli ho i`s gseacha: d`Kathl hot mit de Augn blinzlt. Schiß ho i ghet – und wia, aber i ho mir it schrein traut. Isch sie am End gar it echt toat gwes, oder hätt sie mir no ebbas sagn wolln vo drent rum? Wer woaß.
A paar Tag später hot ma s` eigrabn.
Es war a scheane Leich. Der Pfarrer hot schea gredt und o der Burgermoaster. Koa Wunder, hot sie doch vo ihrn ganze Sach d`Hälftn der Kurch und de ander Hälftn der Gmoa vermacht.
Na, sie war it bloß irgend ebber, d`Kathl, und es isch heint no wert, daß ma drüber redt.
Denkmal hot ma ihr zwar koans gset, aber ganz vergessn isch sie allwei no it. Sie war halt scho doch ebbas Bsunders, d`Kathl.

Da Telles

Wia er ausgrechnet zua dem Nama kemma isch, woaß heint koaner mehr.

Seine Leit, a kleaners Sach, wia`s halt bei ins meistens sen, ham s` ghet auf der Hoad, sen scho lang nimmer und er selber isch o scho vor längerer Zeit sein letztn irdischn Weg ganga.

So ka ma halt neamand mehr frogn, wia des kemma isch.

Telesphorus ham s` den Bua taufa loßn, Telesphorus, als ob des a Nama wär für insa Gegad.

„Mei o mei, was werd aus dem Bua wern, mit so an unchristlicha Nama," hot de alt Manzlin allwei gjammert.

Und er isch o ebbas bsunders worn, da Telles. Telles hot ma`n ghoaßn, weil da ganze Nama z`lang gwes wär und no dazua so schwer zum Ausssprecha.

Müller hot er glernt und isch, wia`s da Brauch war, auf d`Walz ganga. Wia`s hoaßt, soll er weit umanand kemma sei und vui gseachn ham, da Telles.

Verzoit hot er aber it vui davo, weil er überhaupt it vui gredt hot.

Drunt am Tesselbach, glei bei der Tassilolindn, hot er nocha de alt Kloastermühl ghet und hot für de Baura umadum des bißla Troad gmahln, des ma a`baut hot. Na ja, reich hot er vo dem sowieso it wern kinna und erscht recht it, weil er allwei z`guat umtauscht hot. Ausgschmiert hot der koan.

Recht christli isch er gwes der Telles, und hot er o so glebt. Der hot koan weah do oder ausgricht, hot garwat und isch in d`Kurch ganga.

Kunnt aber scho sei, daß er grad deswegn zua nix kemma isch, weil de andern sei Christlichkeit ausgnutzt ham. Wia d`Leit halt so sen. Ma hot eahn sowieso it ganz für voll gnomma, weil er halt anderscht war wia de andern.

„Na na, dumm isch er it, der Telles", hot`s ghoaßn,"aber spinna tuat er scho a weani."

Was soll ma o sagn, wenn oaner vor jedn altn Baum an Huat ra tuat und grüaßt.

A deamol hot ma sogar gheart wia er mit so an altn Baum gredt hot. Isch do a Wunder, daß d`Leit d`Köpf gschüttlt und über eahn glacht ham? Der alt Dopfer, oaner, der d`Leit allwei gern derbleckt hot, kimmt grad amoi dazua, wia da Telles an Huat ra tuat vor oaner altn astign Buacha. „Was tuast`n do"? frogt er eahn.

„Des siechst doch", brummelt da Telles. Da Dopfer aber loßt it lug.

„Des möcht i aber iatz scho amoi wissn, was des bedeitn soll, daß du vor so an astign Brennholz an Huat ra tuast und gar no damit redst."

Da Telles schaugt`n a und set:

„Brennholz, daß isch des was du siechst. Hot it da Hergott, so wia er ins Menschn daschaffn hot, o de Bäum wachsn lossn? Also ham de Bäum und mi den gleichn himmlischn Vater, bloß sen de Bäum vui älter und `s Alter muaß ma ehrn. Überhaupt hot so a Baum mehra Nutzn für d`Welt, wia oft a Mensch, der bloß dumm daherredn ka."

No dreaht er si um und geaht. Da Dopfer steaht do, schüttlt an Kopf und brummelt:

„Den hot`s fei ganz schea."

A etli Johr sen verganga und ma hot daweil ebbas gheart vom Darwin und hot gredt über das gotteslästerliche Zeig, was er gschriebn hot.

Do, an an scheana Tag, trifft da Dopfer an Telles wieder und es kimmt eahm, daß er den a weani naufschiaßn kunnt.

„Na Telles, was sagst iatz, wo s` rausgfundn ham, daß mir bloß vo de Affn abstamma?" Da Telles schaugt an Dopfer a ganza Weil a und set schliaßli:

„Moana mecht ma`s!"

Vo Ebbas a Trum

Ma heart davo in Red und Gsang
Bald isch sie z`kurz no wieder z`lang
a deamol z`warm no wieder z`kalt
Guat hoaßt ma s` erscht, wenn s` amoi alt.

Sie liegt vor ins und doch o z`ruck
wennst z`weani host, bist unter Druck.
Oft isch sie schlecht, no wieder schea,
ma ka s` it hebn, sie bleibt it steah.

Ma kunnt so vui mit ihra toa,
doch jeder hot für sie alloa
bloß a gwiss Trum und des bedeitd:
Wenn s` z` End isch, werds zur Ewigkeit.

Die Zeit

Der Nikolaustag

Für a Büawla mit a 4-5 Johr isch der Nikolausobend allwei scho a verflixte Sach gwes.
Do hot ma des ganze Johr sei Freid ghet am Lebn, grad schea isch gwes, weil dahoam und in der Nochbarschaft auf'n Dorf immer neie Wunder auf oan gwart ham. Hi und do hot`s zwar scho a weaniger lustige Zeitn gebn, bsunders, weil de Groaßn durchaus it versteah ham kinna, was ma als Bua in dem Alter alls ausprobiern muaß.
Do hot ma ja no nix gwißt vo „Persönlichkeitsbildung oder Selbstverwirklichung."
Isch aber auf Sankt Nikolaus zuaganga, no isch des grad gwes, wia wenn sich a schwere Wolkn langsam vor d`Sunna gschobn hätt. Mit jedm Tag isch de Wolkn gröaßer und schwärzer worn.
Freili hot ma probiert, daß ma oafach it an den Obend denkt, aber do hot sich der Nikolaus bei ins ebbas ganz Raffinierts eifalln lossn: Er hot eiglegt. Des hot ghoaßn, daß so a zwoa Wochn vorher alle 3-4 Tag in der Früah a Lebkuacha mit an Nikolausbuildla vorn drauf auf `nen Fensterbrettla glegn isch.
Gega den Lebkuacha hätt i ja nix ghet, aber ma hot halt wieder an Nikolaus denka müaßn und außerdem hot des it bedeutd, daß er selber do um`s Haus gschlichn isch? Gseachn hot ma eahn ja nia, aber um de Zeit sen ja de Täg so kurz und de Nächt so lang. Und bei der Nacht siecht ma halt it vui.
Was tuat ma iatzt do, wenn ma den Obend, wo er ins Haus kimmt, einigermaßn guat übersteah wui und nia ganz sicher sei ka, ob er it grad wieder aufn Weg isch und oan zuaschaugt? Ma probiert halt `s Bravsei.
Wer des amoi mitgmacht hot, der woaß wia hart des isch.
Heint tät ma vo an „ungeheueren Leistungsdruck" redn, weil des doch a Mordsleistung isch, a paar Wochn brav sei, sich gewaltsam z`ruckreißn, wenn ma grad unbedingt ebbas tua müaßat, was aber bei de Groaßn „ebbas o`stoin" hoaßt.
Isch do a Wunder, wenn oaner mit de Nervn scho halbert hi isch, bis der Nikolaustag amoi do isch?

85

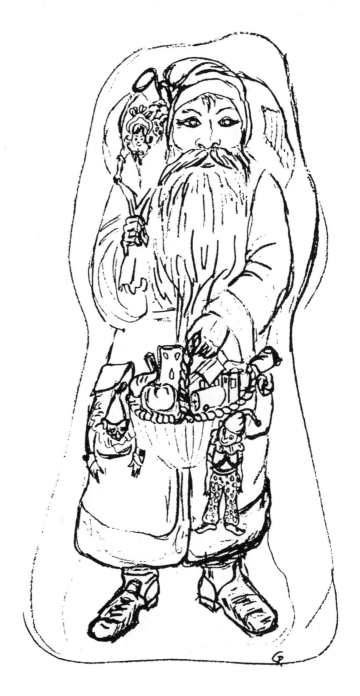

I glob, wenn ma des a etli Johr durchgstandn hot, nocha ka später de Lebens- oder Existenzangst wia`s heint modern isch, gar nimmer aufkemma. Ma isch do scho abghärtet.
No isch also der Nikolaustag schliaßli kemma.
An ganzn Tag isch ma no dasiger rumgschlicha, schier nix mehr hot oan gfreit, it amoi der Apfelstrudl, den`s zu Mittag gebn hot.
Allwei wieder hot ma de Sündn vom ganzn Johr z`sammazoit und dummerweis sen de vo Stund zua Stund mehra worn. Wo s` bloß herkemma sen? Und do isch ja no de groaße Frog gwes, ob er, der Santa Klos, wirkli alle woaß. Es war allwei no de Hoffnung, daß er doch it des ganze Johr überall zuagschaugt hot.`S letzte Moi hot er ja o it alls aufzoit, aber am End hot er`s bloß vergessn? Z`vui derf ma sich auf des it verlossn. Ma woaß nix gwiß.
Wia`s draußn dunkl worn isch, bin i vo der Muatta nimmer z`weit weg ganga. Siadend hoaß isch mir eigfalln, daß da Nikolaus vorigs Johr de ältere vo meine zwoa Schwestern, sie werd do so um de 17 gwes sei, in sein Sack neigsteckt und mitgnomma hot. Sie isch zwar bald wieder kemma, weil s` eahm, wia s` gsagt hot, drauß wieder auskemma isch, aber woaß ma, ob s` eahm nomoi auskimmt. Es isch ja it so, daß i dene Zwoa it gönnt hätt, daß s` a weanig Schläg kriagn mit der Ruatn, weil s` mi oft tratzt und g`ärgert ham des ganze Johr, aber ganz mitnehma – des wär nocha scho doch z`vui.
Was mir do no schwere Gedankn gmacht hot, des isch gwes, daß d`Muatta und it amoi da Vater ebbas dagegn toa ham, gegen `s Mitnehma moan i. Daß d`Muatta it gega eahn aufkemma ka, des isch ja no zum Versteahn, aber der Vater!
Ob s` am End do o nix tätn, wenn er mi in sein Sack steckn und mitnehma tät?
Gfühlsmäßig hätt i zwar scho gmoant, daß si sich do rührn tätn, aber woaß ma, wia des nocha nausgeaht?
Ma ka bloß hoffa, daß`s it so weit kimmt.
Am Abend um a siebene – halba achti isch ma schliaßli in der Stubn drinn ghockt und hot gwart.
Da Vater hot Zeitung glesn, meine Schwestern ham Brotäpfl g`essn und dumm daher gredt vom Nikolaus und d`Muatta isch hint beim Kachl-

ofa auf`n Kanapee gsessn und hot gstrickt. Do ho i mi o hi verdruckt. I wär ja vui liaber ins Bett ganga (ausnahmsweis freiwillig) und hätt auf de Lebkuacha, Äpfl und Nüss verzicht, aber des war o wieder it recht.
Wenn der Wind drauß an de Fensterlädn grüttlt hot, hot`s mi jedes Moi grissn, aber nocha ham auf amoi Kettn grasslt, ma hot was brumma gheart und scho war er do.

I bin glei no näcer zua der Muatta higruckt, mei Herz hot pumpert wia a Huafschlag vo an Roß im Galopp und i hob eahn, an Nikolaus, it aus de Augn lossn. An dickn Mantl hot er a`ghet, mit sowas wia an Sack als Kaputzn und fast `s ganze Gsicht voller flächsene Hoor, bloß d`Augn ham a bisserl rausgschaugt. Z` erscht hot er meine Schwestern mit der Ruatn a paar naufhaut und isch nocha zua mir herkemma. Mit a ganz tiafn Stimm hot er gfrogt: „Wia hoaßt du denn?" I ho schier nimmer aus- und eigwußt vor lauter Schiß, weil er direkt vor mir gstandn isch mit Kettn, Ruatn und dem groaßn Sack. Fast hätt i nimmer gwißt wia i hoaß. An Schwoaß hot's mir raustriebn, im Hals war auf oamoi sowas wia a groaßer Knödl und mit der Hand ho i mi an da Muatta ihrn Schurz eighebt, aber niamand hot mir gholfa.
Mit allergröaßter Müah und in höchster Noat ho i grad no stottern kinna:
„H ,h, h,Herr Geiger."
I woaß it, isch er it recht guat beinand gwes an dem Tag oder hot eahm sunst ebbas gfoit. Auf jed`n Fall hot`s ausgschaugt, als ob er an Schnackler g`kriagt hätt. Er hot schnoi sein Sack ausgleert, hot sein Bauch ghebt und isch naus bei der Tür.

Wenn Weihnachten im Summer wär

Wenn Weihnachtn im Summer wär,
so Ende Juni ungefähr,
wenn drauß wär alles frisch und grea
und d`Sunna scheinert, warm und schea.

Des wär doch it de rechte Zeit
für so a hoache Festlichkeit
mit Kerznliacht und Tannabaum.
A gscheite Feier wär des kaum.

De Täg wär`n lang und kurz de Nächt
und außerdem wär a no schlecht,
daß auf de Felder und de Bäum
koa Bröckerl Schnea wär und koa Pfreim.

Wenn ma sich vorstoit, daß ma gar schwitzt,
badhosert um an Christbaum sitzt,
no muaß ma sagn, es isch scho guat,
daß ma im Winter feiern tuat.

Die Post im Walde

Es werd für jedn Menschn a Weihnachtn gebn, des eahm bsunders im Gedächtnis bliebn isch. Es ka sei, daß des a Weihnachtn in a recht hartn, unguatn Zeit gwes isch, oder aber oans, wo ma sich bsunders gfreit hot.
Oft isch nocha so, daß solchene Erinnerungen wieder lebendig wern, wenn ma ebbas bestimmts heart oder siecht.
So geahts mir zum Beispui, wenn i des Musikstück „Die Post im Walde" hör.
Ja, i woaß scho, daß des koa Weihnachtsliad isch und ma sich schwer vorstoin ka, wia des mit Weihnachtn z`sammhängt.
I verzoi`s enk glei.
I wer domois a Büawla mit 7-8 Johr gwes sei und an demselbign Heilign Abend isch alls so ganga wia sunst o. So umera halba achte bis achti ho i ins Bett geah müaßn, was mir wieder recht gstunkn hot, weil i a so halt wieder `s Christkindla it seachn ho kinna wia `s an Baum aufmacht und de Gschenker bringt.
Obwohl i eigentli it wolln ho, bin i halt schlußli doch eigschloffa, bis mi d`Muatta nocha umera zehne bis halba oiwi aufgweckt hot!
„Büawla, aufsteah, `s Christkindla isch scho do gwes."
In der Stubn vor dem Christbaum mit de brennende Kerzn ho i mir erscht amoi d` Augn ausreibn müaßn, daß i gscheit siech und nocha ho i gschaugt, was `s Christkindla für mi dolossn hot.
„Do schaug", hot d`Muatta gset und hot auf so a Art Blechbüchsn hideut, „des hot `s Dodla für di beim Christkindla bstoit."
Wia i des Blechdings näcer a`gschaugt ho, isch mir aufganga, daß des so a Art Gramophon sei muaß, wia i`s in Groaß scho amoi beim Simabaur drauß gseachn ho. Do war an der Seitn a kloane Handkurbl und a Blechtrichter und obn drauf isch a kloane schwarze Scheibn glegn. Auf dera Scheibn war in der Mitt a scheans Buidla mit a gelbn Postkutschn, a paar Roß davor und auf`n Kutschbock a Postillion mit a gringeltn Trompetn, an Posthorn. Oane vo meine Schwestern hot mir vorgmacht wia ma den Apparat mit der Kurbl aufziacht und de Nodl

205 Die Post im Walde
Lied mit Trompeten-Solo

Trompete in B (Solostimme)

v. H. Schäffer
instr. v. H. Egidius

auf Plattn setzt, und nocha sen aus dem kloane Blechtrichter Tön rauskemma. A weani blechern gscheppert ham s` scho, aber schea warn s`, wahrscheinli, weil s` aus meiner Blechbüchsn rauskemma sen.

Der Postillion hot gschmettert, daß grad a Freid war und i ho mir gar it gnua hearn kinna. Des Stuck hot ghoaßn „Die Post im Walde".

I ho mi in a Eck neighockt, ho fleißig d`Kurbl dreht und d`Nodl kratzn lossn. Do ho i mir nocha vorgstoit, daß i in dera Kutschn drinn sitz und durch an verschneibtn Wald fahr. Vo de Bäum isch der Reif grieselt und vo der Weitn hot ma `s Echo vo dem Liad gheart. Aber daß i`s recht sag: Ganz alloa hätt i in der Kutschn it hockn mögn. Do hot scho der Vater und Muatta und o meine Schwestern dabei sei müaßn, weil`s erscht mit alle mitnand so richti gmüatli gwes wär.

I woaß it wia oft i mir de Musi a`gheart hob in de nächst Wochn, wahrscheinli bis der Apparat hi war.

Des oa aber isch gwiß, daß i den Heilign Abend mit dem Blechgramophon nia mehr vergessn ho und deswegn gibts mir heit no glei an Riß, wenn i irgendwo „Die Post im Walde" hear.

Eigentli isch scho manchmoi schad, daß ma sich als Groaßer nimmer so gfreun ka, wia ma`s als Kind kunnt hot.

De heilige Zeit

De Nacht isch ganz was Bsunders heit
ganz stad is umadum
bloß drent vom Forst a Glockngläut
weht feierlich do rum.

Do stenga tiaf verschneit de Bäum
und wia versilbert drauf
hängt von de Äst ganz schwer der Pfreim
und glänzt im Mondlicht auf.

Do flimmert übern Schnea a Liacht
vom Himmi hoach und weit
des sted in inser Gmüat neiziacht.
Des isch de Weihnachtszeit.

Christnacht in der Tellesmühl

Drunt, wo der Tesselbach unterhalb der altn Tassilolindn vorbeiplätschert, isch früahra a Mühl gstandn, de in der altn Zeit amoi zum Kloaster gheart hot. Der Mühlstoa isch no lang do rumglegn, aber sunst siacht ma heint kaum no ebbas davo.
Als Tellesmühl isch sie bekannt gwes, seit der Telles do drunt Müller war. Eigentli hot er ja Tellesphorus ghoaßn, aber des war de Leit z`lang und z`schwer zum Aussprechen.
Der Telles war scho zu seine Lebzeitn als Sonderling bekannt. De Leit ham eahm halt an Spinner ghoaßn. Na ja, was soll ma a sagn, wenn oaner de Leit eher aus dem Weg geht und liaber mit Viecher und Bäum redt. Ja, wenn oaner die Korn- und Mehlsäck statt auf`m Buckl oder über der Achsl, wia normale Leit, auf`m Kopf tragt, muaß bei dem doch ebbas it stimmen. Sunst aber war der Telles a recht friedfertiger, ehrlicher Mensch und hot christlich glebt, wia kaum a anderer.
Hot er wirkli amoi über d`Sträng gschlagn, was alle Johr höchstens oan-, zwoamoi vürkemma isch, nocha hot er sich selber a Buß auferlegt. So woaß ma, daß er amoi, ausnahmsweis, wieder mit an ziemlichn Rausch hoamzu ganga isch. Der Burgermoaster, der grad a Stückerl den gleichn Weg ghabt hot, isch mit eahm ganga und hot eahn a weani g`deichselt, daß er it in an Grabn neigrutscht isch.
Etliche Tag später trifft der Burgermoaster den Telles, wia der langsam und ganz verschwitzt den Stellerweg raufhatscht.
Er hot den Burgermoaster grüaßt und eahm mit strahlendem Gsicht verkündt: „So, iatz hob i mei Unmäßigkeit, i moan mein Rausch wieder abbüaßt." Der Burgermoaster frogt eahn, wia er denn des gmacht hätt, worauf eahm der Telles erklärt: „Woaßt, do hob i durch de Sohln vo meine Schuach vo unten a paar Nägl durchghaut und mit dene Schuach bin i heit auf Andechs wallfahrtn ganga."
Do hot der Burgermoaster gsehng, daß sich auf dem Weg, wo der Telles ganga isch, a Blutspur hizogn hot.
Ja, so war er, der Telles.
Des muaß ma wissn, wenn ma versteahn wui, wia`s eahm in der oanen Christnacht ganga isch.

Es hot kaum Schnea ghet zu dera Zeit, aber kalt isch gwes.
A dicker Reif isch überall an de Bäum ghängt, daß sich d`Äst glei bogn ham und de groaße alte Lindn hot schier ausgschaugt, als hätt ma sie über und über mit Lametta vollghängt.
D`Sunna war scho über`m Rohrmoos hint unterganga und schea stad isch de Nacht vom Ammertal raufgstiegn. Des war aber a bsundre Nacht: Christnacht.
Drunt bei der altn Mühl am Tesselbach war a tiafe, schier feierliche Ruah. Der Telles hot it bloß `s Mahlwerk ausgschalt, sondern a `s Wasser umgleit`, daß`s nimmer über `s Mühlrad hot loffn kinna.
So war außer dem leisen Plätschern vom Bacherl höchstens no hi und do was zum Hearn, wenn der Rauhreif vo de überladnen Äst grieselt isch. Des hot sich schier a`gheart, wia a zartes Wispern.
Der Telles hot`s jedenfalls so ghört, wia er zu der Holzleg hinteri ganga isch um an Arm voll Holz, daß er`s warm hot in sei Stubn in der Heilign Nacht. A kurze Weil isch er steahn bliebn und hot zu de Bäum nauf gredt: „Gell, ihr wißt`s scho, daß heit a bsundrer Tag isch. Habt`s euch a schea rausputzt für `s hoache Fest. Ihr brauchts ja koane Kerzn und so a künstliches Flitterzeug. Schaugts so vui scheana aus."
Und zur Tassilolindn hot er gset: „Na, Alte, du host ja iatz scho etliche Weihnachtn mitgmacht in de schier tausend Johr, bist aber heit o wieder de Scheanste."
Dann hot er an Arm voll Holzscheitl gnomma und isch wieder nei in sei Stubn.
Na ja, Stubn hot ma für de dunkle Kammer eigentli it sagn kinna. Es war eher a armselige Bude, mit an offnen Herdfeuer, an Tisch mit an Stuahl und a alts Kanapee. Hinten in der Eckn war so a Art Verschlag in dem dem Telles sein Bett gstandn isch, a wackligs Bettgstoi mit an Strohsack drauf. A Petroleumlampn auf`m Tisch war nebn dem flackernden Herdfeuer de oanzge Beleuchtung in der Kammer.
Der Telles hot `s Holz vor den Herd higschmissn und glei a paar Scheitl auf `s Feuer glegt. Weil er scho seit in der Früah nix mehr g`essn ghabt hot, isch er ans Kochn ganga. A Grosmuas war sei festlichs Obendessn und des war bald fertig. Ausnahmsweis hot er heit a bisserl a gröaßers Stückerl Butter drauf toa und grad gschmeckt hot`s eahm.

95

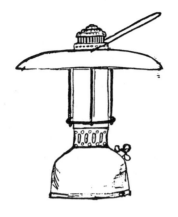

Danach hot er si zu der Lampn am Tisch highockt und a zeitlang in der Heiligen Schrift glesn. Wia eahm dann noch a Weil schier d`Augn zuagfalln wärn, isch er zum Kanapee hinteri und hot sich gmüatlich highockt. An David, sein Hauskater, der die ganze Zeit z`sammkringlt auf m Kanapee gschloffa hot, hot er auf n Schoß gnomma und sich mit eahm unterhaltn: „Also, a fauler Tropf bist du scho, gell. Do san gwiß no Mäus drent in der Mühl, aber du flakst do rum und schloffst."
A Weil hot er nocha so vor sich hisinniert und nebenbei dem Kater den Pelz g`krault. „Warum isch eigentli in der Schrift nirgends de Red von a Katz im Stall vo Bethlehem", hot er den Kater gfrogt. „Mäus wern do gwiß a gwes sei, aber freili, wenn de genau so faul warn, wia du, san `s ebbert im Heu hint gflakt und man hot gar nix gspannt davo."
Wieder war a zeitlang nix zum Hearn in der Stubn, wia des Knistern vo de Holzscheitl auf m Herd und `s Schnurrn vom David, dann der Telles wieder: „Du, was moanst, wenn iatz heit d`Maria und der Josef wieder unterwegs wärn und a Herberg suachatn. Wo tätn `s denn bei ins im Dorf do unterkemma? In de paar größern Häuser tätn `s wahrscheinli it einkehrn, scho, weil`s mit der Heilign Schrift it z`sammstimma tät und sunst san ja bloß Kloahäusler do, de in ihre Hüttn selber kaum Platz ham. Der Stillerhof ging vielleicht no, weil do Schaf do wärn, aber do isch wieder so groaß und so zugig do drinn. Am End bei der Hefn-Vickl, drauß im Braunhof, wär no was, aber bei de stinkertn Goaßn im Stall isch des a nix."
Wieder war`s a Weil ruhig, dann hot der Telles sein Fadn weitergsponna:
„Du, David, wenn iatz de zwoa, i moan d`Maria und an Josef bei ins eikehrn tätn? So vui Platz hätt ma scho, moanst it? A bisserl a Wärm brächt ma scho a rei, daß `s it friern tätn. D`Maria könnt ja auf mein

Bett liegn und ... halt amoi ... ob i do it d`Hebamm holn müaßat? Aber in der Schrift steht eigentli nix vo a Hebamm. Ja, und wo tean ma des Kindla hi? A Krippn ham mir ja koane. Vom Kanapee tät `s wahrscheinli leicht runterkugln. Wart no, do find ma scho no was. Vielleicht gang `s Wasserschaffl, wenn ma`s schea auspolstern tät mit Säck und so. Aber zum Essn möcht `s gwiß o ebbas. Was ham mir denn do? I woaß it, ob eahna a Grosmuas schmeckn tät. A paar Oar kunnt i eahna aber eischlagn und a Brot wär o no do und a bißla a Butter. Es wär aber it schlecht, wenn i beim Gramml drobn no a Mulli holn␣tät, daß `s was Gscheits zum Trinkn ham. Und a weani z`sammkehrn müaßt ma no, daß`s it so gschlampert ausschaugt, wenn nocha d`Leit kemma. Aber wer soll denn do eigentli kemma? Hirtn ham mir ja koa do und d`Leit hockn iatz gewiß in ihre Häuser um an Ofn rum und tätn gar nix hörn, wenn d` Engl drobn singen. Höchstns a paar Viecher, Reh, Hasn, Fuchsn und Katzn, de um de Zeit drauß umanand san, kunntn do was mitkriagn davo. Na, i denk, daß `s Christkindl mit dene o z`friedn wär, wenn `s do herkemma tätn. Müaßn halt mir zwoa a Ehr eilegn beim Jesuskind, gell David."
De Finger vom Telles seiner Hand im David sein Fell ham sich allwei langsamer bewegt und dann warn s` ganz ruhig. Er war eigschloffa, der Telles.
Erst noch a paar Stund isch er wieder aufgwacht und wia er d` Augn grad halbert aufgmacht hot, isch er glei vaschrockn, und wia. A Helligkeit war do in seiner armseling Stubn, wia vo an überirdischn Liacht und vo der Weitn her hot ebbas g`klungn, wia a Engelsgsang.
Z` erscht hot er it gwißt, ob er no träumt oder scho wach isch und des alls wirkli eitroffn isch, was er sich vorher überlegt hot. Erst langsam isch er dahinter kemma, daß die Helligkeit vom Mond kemma isch, der voll durch d`Fenster reingscheint hot und der Gsang vo de Kurchnglockn, de zur Mettn gläut ham. A kurze Weil hot er no vor sich hisinniert, dann den Kater vorsichtig nebn sich higlegt, daß er weiterschloffa hot kinna und zu eahm gset:
„Du, Davidl, vielleicht isch `s Christkindl doch bei ins do gwes, bloß ham mir `s it gsehng, weil mir gschloffa ham, mir zwoa. Aber iatz werd`s Zeit, daß i in d`Mettn kimm."

'S Adventsgericht am Kreuzberg

So in de vierzger Johr im voarign Jahrhundert isch des gwes, grad in der Adventszeit.
Schnea hot`s koan ghet in dene Tag, aber kalt isch gwes.
Der vorder Wind hot raufzogn vom Ammertal und d`Bäum sen voller silbrign Pfreim ghängt, daß ausgschaugt ham, wia lauter Christbäum. Es isch ja scho auf Weihnachtn zuaganga.
Wia`s zua dera Johreszeit gheart, isch scho früah Nacht worn; a scheane klare Nacht.
D`Sterndlen ham glänzt, wia wenn s` scho frisch putzt worn wärn für des hoache Fest und a dreivierter Mond isch am Himml ghängt, wia a groaße verbogene Stallatern.
Des Mannsbuid, des an Schlittbach drunt de drenter Häng naufgstiegn isch, hot auf des alls it g`acht. Müahsam isch er vorwärts kemma, weil`s eahn öfters highaut hot. Grad gschimpft und gfluacht hot er, bis er jedsmoi wieder auf d`Füaß kemma isch.
Es war aber scho zum Kenna, daß it der gfrorne Bodn alloa Schuld gwes isch.
Hot er doch scho wieder z`vui Bier derwischt, der Lengger Balthes. Vo Wessobrunn isch er kemma, wo er a Arwat ghet hot im früahran Klosterhof. Ja, und do isch halt `s Bierstüberl it weit, wo ma leicht hängableibn ka, wenn ma `s Bier so gern mog, wia der Balthes.
Der jung Penscher, wia ma den Balthes o ghoaßn hot, isch a Bursch so um de Dreißge gwes, a Mordslackl vo Mannsbuid und hot arwatn kinna wia a Wuider, – wenn er grad mögn hot. Er war aber o bekannt als oaner, der koaner Rafferei aus`n Weg geaht und nocha oft wuatig und gwalttätig worn isch.
Iatz isch er also auf`n Hoamweg gwes, num zua den kloana Häusla, des seine Leit ghet ham, glei drüberhalb vom Schlittgrabn, nebern Schlittbacherhof.
Wia er schliaßli über`n Buckl drobn war und aus`n Holz nauskemma isch, hot er si scho leichter do und isch bald dahoam gwes.
In der Kuch hot sei Muatta auf eahn gwart, a vergrämts, z`sammgar-

wats Wei. Sie hot sie o abgrackert gnua, daß sie ebbas herbrocht hot zum Lebn für ihre Leit. Tagwerkert bei de Baura umanand und dahoam o no des kloa Sächla garwat. Da Lengger, ihra Ma, isch scho a ganza Zeit krank gwes und drauß in der Kammer auf sein Strohsack glegn. Is do a Wunder, wenn sie, d`Lenggerin, it grad an Guatn graucht hot, wenn der Bua wieder amoi mit an Rausch hoamkemma isch?
An Nixnutz hot s` eahn ghoaßn, an Taugenichts und versuffana Lackl und daß der Vater und sie ruhig draufgehn kinna wenn er, der Bua, nix tuat wia Saufa.
Allwei lauter isch sie worn und hot no mehra `s Schimpfn a`gfangt, wia der Balthes dagegn gredt hot. So hot oa Wort des andre gebn. Alle zwoa ham gschrien und er isch dabei allwei röater a`gloffa im Gsicht und nocha isch passiert: Mit seine Mordspratzn hot er auf sei Muatta neighaut, bis sie nebm Herd daglegn isch und sich nimmer grührt hot, d` Augn ganz groaß aufgrissn und de ham eahn a`gschaugt, grad eahn und hot it de oane Hand genau auf eahn deut?
Auf oan Schlag isch do der Balthes nüachtern worn. Es isch eahm kemma, was er a`gricht hot. „Furt, nix wia furt," war des Oanzige, was er hot denkn kinna und er isch naus, drent über`n Zaun und weiter zum Holz hinteri. Er isch gloffa und gloffa, hot nimmer gwißt wo er isch und auf oamoi hot er dra denken müaßn, daß grad iatz in der Adventszeit de arme Sealn, de no koa Ruah gfundn ham, bsunders vui umanand sei solln. Und o de beaßn Geister in de langa Nächt vor Weihnachtn erscht recht drauf aus sen, daß sie Gwalt über Leit kriagn, de sie derwischn. War it do a Wispern im Dickert, knackerte Zweiglen? Sie warn scho hinter eahm her. An Platz müaßt ma halt findn, wo oan de nix a`ham kinna, hot er gmoant und do isch eahm d`Kreuzbergkapelln eigfalln. De Kapelln, a Stuck außerhalb vom Dorf Wessobrunn, isch auf den Platz hibaut worn, wo anno 955 der seinerzeitige Abt vom Kloaster und 6 Mönch vo de Ungarn umbrocht worn sen.
Es isch dunkler worn, weil der Mond unterganga isch, aber noch a halbn Stund zwerch durch `s Moos hint rei, isch er hikemma an des kloane Kurchla und hoamli nei bei der Tür. Vo de paar Häuser in der Näh hot koa Mensch ebbas gspannt, bloß a Hund hot vom Eugenihof rumbellt. Iatz isch er sich sicherer vürkemma, der Balthes, do in der

Kapelln. Er hot sich in a Kurchenbank ghockt, sein Mantl fester um sich rumzochn und vor sich hibruat.
Iatz isch eahm erscht wieder richti aufganga, was passiert isch! Ganz deitli hot er sie wieder liegn gseacha in der Kuch neberm Herd, sei Muatta und ihre verlöschadn Augn ham eahn a`gschaugt. De Augn sen eahm allwei wieder in `s Gedächtnis kemma und allwei wieder ham sie eahn erinnert und a`klagt: „Du host dei Muatta umbrocht." Angst isch eahm aufgstiegn, Angst, de eahm schier d`Luft a`druckt hot und er wollt bloß no oans – furt, weit furt.
Do isch eahm aber eigfalln, daß er do in der Kapelln iatz no sicherer wär vor de beaßn Geister. „Gegn in der Früah zua isch besser wenn i do schaug, daß i furt kimm," hot er si überlegt, der Balthes und, daß er iatz no a weani ausrastn kunnt.
Do isch aber it vui gwes mitn Rastn. Do isch so a Durchanand vo Gedankn gwes, daß in sein Kopf zuaganga isch, wia in an Bienastock: Warum ho i des do? Warum? Wo wer i z`Weihnachtn sei? D`Muatta isch nimmer do, it z`Weihnachtn und überhaupt nimmer. Was wer iatz wern?
Noch a Weil hot er gmoant, er hearat vo der Wessobrunner Kurch zwölfe schlagn. Do isch zmoi d`Tür aufganga und es sen Leit reikimma. 7 sen`s gwes und schwarze Kuttn ham s` a`ghet mit Kaputzn. Wia Kloasterbrüder sen s` langsam bis zum Altar vüri ganga und sie ham a Toatnbrett mittragn. Auf dem Brett, iatz hot er`s ganz deitli gseachn, der Balthes, isch sei toate Muatta glegn.
De 7 Schwarzen ham des Toatnbrett an d` Altarstufn higloant und sich drumrum gstoit. Do hot ma nocha so a Art dumpfn Gsang gheart, so als ob sie leise so ebbas wia a Litanei betn tätn.
Der Gsang isch aber allwei lauter worn und auf oamoi hot er`s verstandn, was de gset ham: Er hot sei Muatta umbrocht, d`Muatta umbrocht!
De Stimmen warn iatz scho so laut, daß es grad so vo de Wänd gschallt hot: Sei Muatta umbrocht!
Im Balthes isch allwei mehra a Mordsangst aufgstiegn, aber wia sich a paar vo de Schwarzn a weani rumdreht ham, daß er unter de Kaputzn hot schaugn kinna, war`s ganz aus.

Toatnköpf sen`s gwes, richtige Toatnköpf, de do gsunga ham.
Er hätt schrein wolln und naus bei der Tür, aber er hot koan Laut rausbrocht und sich nimmer rührn kinna.
So isch er ganz dem schallardn Gsang ausgliefert gwes, des sich iatz a`gheart hot, wia `s Gläut vo a riesign Glockn: wum, wumm – d`Muatta umbrocht, Muatta umbrocht.
In der Kapelln war bloß no des Wummern vo dera Glockn und bald isch o im Balthes sein Kopf nix anders mehr gwes, wia des – D`Muatta umbrocht, d`Muatta umbrocht.
De Leit vom Eugenihof ham recht gschaugt, wia in aller Früah a Mannsbuid, vom Ausschaugn her no it recht alt, aber mit schneaweiße Hoor, wia a Bsuffner vo der Kapelln rumgwackelt isch und bloß allwei vor sich higmurmlt hot: D`Muatta umbrocht, d`Muatta umbrocht.
Der Balthasar Lengger isch vo an Gricht zu Zuchthaus verurteilt worn und do drin gstorbn, sei wahre Straf hot er aber scho in der kloana Kapelln, drauß am Kreuzberg kriagt.
Sei Vater, der alt Lengger, hot de Schand it lang überlebt. Er isch bald drauf gstorbn. Es hoaßt, er wär bei Wolfrathshausn ins Wasser ganga.